應用行為分析在家庭、學校與遊戲中的運用

協助自閉症光譜障礙或其他障礙類別兒童

Debra Leach—— 著

吳佩芳、田凱倩、阮震亞、張家瑞、鄭竹秀 —— 譯

Bringing ABA to Home, School, and Play for Young Children with Autism Spectrum Disorders and Other Disabilities

by

Debra Leach, Ed.D., BCBA

Winthrop University

Department of Counseling, Leadership, and Educational Studies

Rock Hill, South Carolina

目次 CONTENTS

作者簡介

Debra Leach, Ed.D., BCBA

溫索普大學特殊教育學系助理教授

701 Oakland Avenue, Rock Hill, South Carolina 29733

　　Debra Leach 是持有執照的應用行為分析師。她曾經服務於公立學校系統，是一位早期療育服務提供者，以及佛羅里達大西洋大學自閉症相關障礙中心副主任。她的主要研究興趣為自閉症光譜障礙、融合教育、應用行為分析、正向行為支持以及早期療育。她非常喜歡從事教師職前訓練，以及與學區、家庭、社區合作，以支持自閉症光譜障礙兒童、青少年與成人在家庭、學校及社區的成功融合。

譯者簡介

吳佩芳

學歷：美國奧克拉荷馬大學特殊教育哲學博士（學前組）

現職：國立臺中教育大學幼兒教育學系早期療育碩士班
　　　助理教授

田凱倩

學歷：美國堪薩斯大學特殊教育哲學博士

現職：國立彰化師範大學特殊教育學系助理教授

阮震亞

學歷：美國奧克拉荷馬大學特殊教育哲學博士

現職：明新科技大學幼兒保育系助理教授

張家瑞

學歷：國立臺灣師範大學特殊教育學博士

現職：國立彰化師範大學特殊教育學系助理教授

鄭竹秀

學歷：國立臺中教育大學早期療育研究所

現職：中山醫學大學附設醫院語言治療師

譯
者
序

　　自閉症光譜障礙或其他發展障礙的孩子會因為他們的障礙而影響學習新事物的動機，自然情境介入對這些孩子來說有相當之必要性但也特別的困難。自然情境的介入強調在孩子的動機驅使下，使用孩子在家庭、學校及遊戲時感興趣的作息活動、材料與設施……等，透過運用應用行為分析的幾個重要原則，可以讓孩子在自然情境中更有效的學習。應用行為分析在過去常被認為只能夠在結構化、一對一的教學情境中運用，因此常會有許多的孩子只有在單一情境中能夠學習到他／她應該學習的技能，也常常衍生出行為只能在治療室中發生，但卻無法類化到其他情境中使用的問題。事實上，應用行為分析關注的是每一天發生的行為，因此把應用行為分析的原則有效的、正確的運用在自閉症光譜障礙或其他發展障礙孩子的生活裡，透過事前對於課程的規劃，將孩子很具體的需求嵌入在他／她們的興趣當中，同時透過配對孩子的動機與零錯誤的學習，進而提升孩子於學校、家庭以及遊戲中學習的機會與能力的發展。

　　對於許多家長以及實務工作者來說，應用行為分析並不是一個陌生的介入方式，但是如何有效的將有實證研究支持的策略，運用在孩子最熟悉的情境中以促進孩子的學習以及介入的成效，在目前是比較少在實務工作現場中被看到的。本書的作者本身是一位學者、實務工作者，也同時是一位應用行為分析師，她透過多年的經驗，將應用行為分析的概念以深入淺出的方式進行說明。同時提供許多可以參考的教案範本，讓家長或者是實務工作者可以依需求調整後運用在家庭、學校或者是遊戲當中。

　　本書翻譯的過程除了要感謝共同翻譯的田凱倩教授、阮震亞教授、張家瑞教授，以及鄭竹秀語言治療師，在我的邀請之下同意共同翻譯此書籍，更謝謝他們在我的瘋狂邀約下，同意將本書的稿酬全數捐出提供給早期療育機構進行早期療育相關服務使用。感謝林總編輯敬堯在時間上給予最大的包容，同時更要感謝編輯部陳文玲小姐以及其他協助的同仁的耐心與協助校正，讓這一本書可以在最後以容易閱讀且容易理解的文字呈現在大家的面前。也要感謝我的助理陳瑞旻小姐的協助，她讓這一本書在校正的過程進行得順利。也謝謝我的家人：爸爸、媽媽、佩璋、怡瑱的支持，因為有你們，我才可以在我所愛的工作領域專注工作。最後我希望把這一本翻譯書獻給所有臺灣早期療育服務以及學前特殊教育的教師、專業人員與家長，因為有你們的熱忱和對孩子的不放棄，許多慢飛天使才能夠有許多機會飛起來，且飛得更高、更遠。

吳佩芳

2019.07.18

推
薦
序
一

過去二十年來，有越來越多患有自閉症（austim）的
兒童在融合的情境中接受教育和相關服務。然而在教師的
在職與職前訓練中並沒有相對應的增加與自閉症兒童相關
的教學策略課程。對於自閉症兒童錯誤的概念以及對自閉
症教學策略上有限的了解，導致在協助自閉症學生的融合
教育過程當中增加了許多困難與挑戰（National Council for
the Accreditation of Teacher Education, 2010; Williams,
Schroeder, Carvalho, & Cervantes, 2011）。本書強調這樣的
現狀與需求，說明在融合教育的情境中如何將應用行為分
析（ABA）運用在自閉症兒童身上。不僅僅是從法令的層
面說明自然情境介入（IDEIA, 2004），作者為自閉症兒
童在以教育和社會價值為基礎的介入方式上提供了一個更
有說服力的案例。即便與自閉症兒童工作的第一線工作者
所強調的重點各有差異，但各種介入的方式基本上均建構
在行為介入的基本原則之下，且整個領域均是通用的。然
而，在日常實踐中具體應用這些原則時，介入方式的許多
向度上會有所不同（Thompson, 2011）：

自然情境	結構式情境
團體的	個別的
跨時間分布	密集的
兒童引導	成人主導
自然的提示和結果	非自然的線索和後果
結構鬆散（隨機）	高結構（單一嘗試）
任務本位	作息／活動本位
整合的介入	分領域／單一科目的介入

　　許多在早期將應用行為分析運用於自閉症兒童介入的人員，成功的使用接近連續**功能**（functional）端訓練技能與發展能力，介入的結果讓人確信這些是相當有說服力且最有效和合適的方法（Maurice, 1994）。他們傾向於支持每週長達 30 小時的密集單一嘗試的介入方式，這樣的介入大多在家庭環境中，但有時也在學校中（Leaf & McEachin, 1999）。這些年來，研究人員和第一線工作者在每個連續個體上採用類似，但更強調**自然主義**（naturalistic）的方法，發現這樣的方式對一些兒童一樣有利（Koegel, Koegel, Harrower, & Carter, 1999）。實際上，來自自閉症兒童的良好控制對照研究的數據有限，但已為這些向度中**最適合給特定兒童**（for a given child）的精確點提供了明確的證據。

　　儘管如此，很明顯的，許多有中度或輕度自閉症症狀，或有挑戰性行為的兒童從這些接近連續的自然情境介入中獲益，而其他沒有溝通能力，像是沒有社交興趣或回應性，或經常出現重複性無功能的行為、其他行為挑戰的兒童，往往會在這些接近連續功能端的程序中獲得更快速的收益。常見的情形是，當兒童擁有多一點精熟的基礎能力之後，就可能將這一些能力轉移到更自然的教學方式。

在《幼兒的個別化自閉症介入：融入單一嘗試以及自然情境的策略》（*Individualized Autism Intervention for Young Children: Blending Discrete Trial and Naturalistic Strategies*; Thompson, 2011）一書中，有一個量表可以用來找出哪一些向度的融入會對兒童來說是合適的〔自閉症介入回應量表（Autism Intervention Responsiveness Scale, AIRS™）〕。研究顯示，有將近 25%在自閉症光譜上的學前兒童可以有效的在自然的介入情境中學習，而當早期的介入是處於部分比較結構的教學情境當中融入自然的教學時，大約 50%的學前兒童有相同的成效（Thompson et al., in press），其餘的兒童則在更加結構的方式中只有適度的進步。後者這些兒童與有嚴重發展遲緩的兒童有很多相同之處，他們可能在學習上出現嚴重的困難與挑戰。

本書提供了一些令人信服的範例，這些範例借鑑了作者作為早期療育服務提供者與自閉症幼兒及其家人一起工作，以及與教師在教室中合作的豐富經驗。在第 5 章中，作者非常用心的介紹了一些在行為領域中很常用在自閉症兒童的介入方法。

在「理解基本原則」和「能夠採取必要的實務步驟並在教室中實際執行行為介入」之間，存在著很大的差異。本書提供由教室中的教師可以使用的多元化的表格，藉由表格來引導第一線工作者透過實務步驟來應用基本原則，不過這些步驟即便對於有經驗的教師來說仍頗具挑戰性。從今爾後，本書將會成為特殊教育教師以及普通班教師，還有其他學校專業人員，在與自閉症兒童一起工作過程中的一本有效指引。

Travis Thompson, Ph.D.

明尼蘇達大學教育心理學系特殊教育組

明尼阿波利市，明尼蘇達州

參考文獻

Cooper, J.O., Heron, T.E., & Heward, W.L. (2007). *Applied behavior analysis (2nd ed.). Upper SaddleRiver, NJ: Pearson.*

Individuals with Disabilities Education Act of 1990, PL 101-476, 20 U.S.C., § 1400 *et seq.*

Individuals with Disabilities Education Improvement Act of 2004, PL 108-446, 20 U.S.C. § 1400 *et seq.*

Koegel, L.K., Koegel, R.L., Harrower, J.K., & Carter, C.M. (1999). Pivotal response intervention I: Overview of approach. *The Journal of the Association for Persons with Severe Handicaps, 24*(3), 174–185.

Leaf, R., & McEachin, J. (1999). *A work in progress: Behavior management strategies and a curriculum forintensive behavioral treatment of autism.* New York, NY: DRL Books.

Lord, C.E., & McGee, J. (2001). *Educating children with autism.* Committee on Educational Interventions for Children with Autism, Division of Behavioral and Social Sciences and Education. National Research Council. Washington DC: National Academies Press.

Lovaas, O.I. (1987, February). Behavioral treatment and normal educational and intellectual functioning in young autistic children. *Journal of Consulting and Clinical Psychology, 55*(1), 3–9.

Maurice, C. (1994). *Let me hear your voice: A family's triumph over autism.* New York, NY: BallantineBooks.

National Council for the Accreditation of Teacher Education (2010, November). *Transforming teacher education through clinical practice: A national strategy to prepare effective teachers.* Report of the blue ribbon panel on clinical preparation and partnerships for Improved Student Learning. Washington, DC.

Thompson, T. (2011). *Individualized autism intervention for young children: Blending discrete trial and naturalistic strategies.* Baltimore, MD: Paul H. Brookes Publishing Co., Inc.

Thompson, T., Barsness, L., Anderson, C., Bohannan, A., Burggraff, B., & Dropik, P. (In press). Individualized intensive early behavioral intervention for young children with autism: Predictors of type of treatment and outcomes. *Focus on Autism*.

Williams, K.L., Schroeder, J.L., Carvalho, C., & Cervantes, A. (2011). School personnel knowledge ofautism: A pilot survey. *The School Psychologist, 65*, 7–9.

在一個已經從堅定的神話中逐漸聞到霉味的領域裡,治療選擇中所存在的強烈偏見,以及專業與身心障礙團體之間出現的壕溝中,Debra Leach 注入一股等待已久的清新空氣。本書清除陳腐的概念,協助身心障礙兒童與其家庭身為人的本質先獲重視,再看到障礙的重要概念。以這樣的概念為基礎,並投入了時間及關注,才會有這一本書的誕生。

貫穿在本書中描述的前提和實踐背後的,是支持此介入模式所需要具備的三個概念。第一,可以從應用行為分析(ABA)中獲益的兒童跟其他一般發展的兒童之間沒有什麼太大的差異。專業化不應該只有在隔離的情境才能出現。Leach 提供了令人信服的論證,只為了說明能將以實證為基礎的方法帶到兒童與家庭中,而不是讓兒童或者是家庭進入到被隔離或非自然的情境。ABA 實務工作者等專業人員很常擔心治療的完整性——究竟實踐時是否能正確執行。這種對有效性的關注可能導致無效的解決方案,即限制了可以執行實踐的人員。舉例來說,應用行為分析師(BCBA)(即是一個特定限制群體的成員)與幼兒的主要照顧者一起工作會比直接在沒有干擾的情境下進行直接教學來得有效。幼兒可以自然的在環境中學習(即便沒有規劃過的介入),自然的回應他們所處環境中的刺激,並且經由在不同的時間中,重複的與環境(物件、空間、人)互動,以習得其所需的能

力（像是語言以及動作能力）。優秀的應用行為分析師應該善用這樣的學習方法並且與教導兒童的成人一起工作，不論你喜歡與否。他們不會隔離兒童，或將兒童放在高度人為以及「不自然」的情境中與他們互動，然後承諾協助兒童將能力類化至日常生活當中；相反的，他們會設計可以協助類化能力的課程（Stokes & Baer, 1977）。

我們不應該低估自然情境（untouched environment）塑形行為的效果。許多倡議者會指出自閉症光譜障礙（ASD）或者是其他障礙類別的兒童沒有辦法從自然情境中學習，因此我們有了特殊（special）教育以及其他相關的服務。這是事實，但並不代表這些兒童在自然情境當中學習會一無所獲（nothing）。我們都有過很驚喜的經驗，看到一些有嚴重智能障礙或者是行為障礙的兒童可以在日常作息中展現功能性，而且還能夠相當的勝任——比如說跟家人一起去餐廳、跟其他的兒童一起在外面玩、一起去購物中心等等。這一些日常生活中的場域最常看到是他們的主要照顧者（通常是父母）如何只是期待他們能夠完成這些作息。有些人會認為這是互惠的過程，有能力的孩子會提高父母的期待，而父母的高度期待則會更提高孩子的能力。本書告訴我們如何將實踐帶入到家庭以支持親職教養，或者是隔代教養，或者是教學（如果是教師）等等，運用調整環境的方式而不是改變環境的本質，也不是以微弱的介入方法造成些微改變。

用對待其他兒童一般的態度對待這些兒童，能為這些兒童的童年賦予價值。本書所描述的自然情境介入（NEI）允許兒童在接受介入的同時，也能夠繼續享受他們的童年生活。如果服務的重要性凌駕於介入措施，那麼他們在童年活動的時光可能就會受到影響。在十多年前的一項研究中指出，0 到 2 歲的幼兒通常花費最多時間是睡覺（86 小時 1 分鐘）和遊戲（24 小時 55 分鐘）（Hofferth & Sandberg, 2000）。3 到 5 歲的兒童大部分時間也都是在睡覺（76 小時 08 分鐘），然後剩下的時間在遊戲（17 小時 26 分鐘）、看

電視（13 小時 49 分鐘）和上學（12 小時 05 分鐘）當中平均分配。Leach 描述了我們如何為患有 ASD 或其他重大疾病的兒童提供有效的介入，而不必搶奪他們的遊戲時間。

我認為在這本書背後的第二個概念，是照顧者在對他們的孩子進行介入時需要支持。照顧者並不一定會知道哪些照顧孩子的做法是有效的、以實證為基礎的。為了提供這種支持，我們首先應該透過功能性需求的評估、考慮法律要求，以便盡可能在自然的作息中提供介入措施（Dunst et al., 2001）。透過向家人與教師詢問兒童在家庭、社區和學校作息中的參與、獨立性、社交關係，以及在家中或教室中的其他成員在作息中所做的事情，我們將獲得豐富且充足的資訊，協助家庭確定他們希望孩子做但是孩子還未做到的是什麼。這些功能性評估能夠將介入計畫的發展趨近自然情境介入（NEI）。

我們應該支持照顧者，尊重他們專注以實證為基礎的做法，而不是那些在研究上得到最低限度支持的做法。ABA 實務是以實證為基礎的完整縮影。也許透過這本書，Leach 能幫助專業人員和家庭認識到，行為方法可以成為解決注意力問題、觸覺或聽覺過度敏感問題的有效方式。

我們對於家庭的支持是透過幫助他們在日常生活中應用 ABA，且必須符合健康的情感支持。這意味著盡可能使個別家庭的行為計畫能夠實行，善用諮詢或教練訓練模式可以確保計畫的可行性。當我們聽到一些患有 ASD 或其他障礙類別兒童的家人表示感受到壓力時，我們需要確保壓力源並不是來自於所提供的服務。

主要照顧者的情緒健康很重要。根據家庭系統理論（family system theory）（Turnbull, Poston, Minnes, & Summers, 2007），主要照顧者對保持日常生活作息的滿意度可能會影響兒童接受介入的次數和品質。情感支持更可能來自非正式支持，因此專業人員應該幫助家庭認識他們生活中的其他家庭、朋友、鄰居和社區資源（例如，宗教組織），以及辨別每個資源提供支

持的優勢或不足。

當兒童們參加課堂計畫（classroom program）時，教師也是自然照顧者（natural caregiver），他們應該獲得來自於合作諮詢的重要支持，來為他們提供回饋。許多教師很少收到關於他們與兒童一同工作的回饋；即便他們收到回饋，回饋也不見得很完整（Casey & McWilliam, 2011）。無論兒童的自然照顧者是家人還是教師，他們都需要獲得個別的情感和回饋支持。

我在自然情境介入（NEI）背後看到的第三個概念，是諮詢理念和一系列的實踐。除非專業人員收養患有 ASD 和其他障礙類別的兒童，否則他們只需要從提供直接的實踐方法轉變為諮詢的方式，至少對於到宅服務而言是如此。這意味著不再將玩具袋或其他不相關的活動帶到家庭當中，而是與家庭共同解決問題，建立他們為人父母的能力，並在家訪期間進行介入，享受與孩子工作的過程。

對於參加課堂計畫的兒童，教學人員將 ABA 嵌入作息中的準備度決定了外部專業人員（即不在課堂上的專業人員）——例如應用行為分析師、心理師、語言治療師和職能治療師等——需要提供支持的程度。專業的課堂教學人員，例如幼兒特殊教育教師，通常需要的支持少於幼兒普通班教師。無論如何，外部專業人員不應該把兒童抽離教室，更不能在教室中的一角與兒童工作；相反的，他們應該與教學人員進行合作諮詢，以促進教師在外部專業人員不在場時對兒童提供介入的能力。本書與這項諮詢模式是完全相互呼應的。

Leach 的這本著作有可能會帶來巨大的影響力。ABA 經常因為在兒童早期介入期間實行不力而被誤解，像是實務工作者是在安靜的環境中與孩子「進行 ABA」（例如，在家中的房間，而父母待在家中的其他地方；又或者是在教室外）。更糟糕的是，家人和專業人員都認為這樣的做法是有關聯且有效的。但是，只有當他們按照本書所描述的方式進行 ABA 介入，他們

才能夠真正明白他們具備的力量。

R.A. McWilliom, Ph.D

西斯金兒童協會兒童與家庭發展研究中心主任

查塔努加市，田納西州

參考文獻

Casey, A.M., & McWilliam, R.A. (2011). The impact of checklist-based feedback on teachers' use of the zone defense schedule. *Journal of Applied Behavior Analysis, 44,* 397–401.

Dunst, C.J., Bruder, M.B., Trivette, C.M., Hamby, D., Raab, M., & McLean, M. (2001). Characteristics and consequences of everyday natural learning opportunities. *Topics in Early Childhood Special Education, 21,* 68.

Hofferth, S.L., & Sandberg, J.F. (2000). *How American children spend their time.* Ann Arbor, MI: University of Michigan, Population Studies Center at the Institute for Social Research.

Stokes, T.F., & Baer, D.M. (1977). An implicit technology of generalization. *Journal of Applied Behavior Analysis, 10,* 349–367.

Turnbull, A.P., Poston, D.J., Minnes, P., & Summers, J.A. (2007). Providing supports and services that enhance a family's quality of life. In I. Brown, & M. Percy (Eds.), *A comprehensive guide to intellectual and developmental disabilities* (pp. 561–571). Baltimore, MD: Paul H. Brookes Publishing Co., Inc.

作者序

　　許多研究證據顯示，密集的早期療育對於患有自閉症光譜障礙（ASD）的幼兒至關重要，但是該如何實際的提供介入卻是時常有爭議的。自 1980 年代後期，已經有研究支持使用應用行為分析（ABA）提供積極的早期密集行為介入（EIBI），傳統上，早期密集行為介入是由教師提供一對一的直接指導。在過去的二十年中，則開始轉向使用更加自然的行為和符合兒童發展年齡的方法，強調以兒童和家庭為中心的實踐做法，將密集的介入措施與家庭、學校及社區作息結合，而非於隔離情境。研究人員和實務工作者目前正在尋找並應用以實證為基礎的 ABA 方法，運用自然環境、維持日常作息的情境基礎，來提供兒童多元的學習機會、增強兒童的動機，並且促進兒童已習得之能力的類化。

　　本書的目的是為實務工作者提供一個架構，引導實務工作者與兒童及其家庭一同工作，一步步協助實務工作者使用 ABA 為 ASD 和相關障礙類別幼兒提供密集的早期療育。本書第 1 章概述自然情境介入（NEI）的法規要求與任務，以及在家庭、學校和社區日常作息的情境中規劃與提供早期療育服務的研究支持，以促進兒童發展並提高照顧者滿足孩子需求的能力和信心。該章還概述了自閉症光譜障礙，強調自然情境介入對於 ASD 幼兒的重要性，並

探討如何在日常生活情境中系統性的將 ABA 介入方法嵌入。第 2 章則簡要說明 ABA 的概念與方法，並且描述它如何在自然情境中應用於 ASD 或相關障礙類別幼兒。第 3 章到第 7 章提供了早期療育所需的工具和相關程序之說明，用於進行品質的評估、制定有意義的目標、規劃介入、監控進展，以及促進照顧者和專業人員之間的合作，將 ABA 有效納入 ASD 和相關障礙類別幼兒的日常作息中。

將 ABA 嵌入自然情境介入中的實踐做法仍處於起步階段，且我必須承認，當我第一次接觸這個概念時，我並沒有完全投入其中。經過這麼多年的時間，為兒童與其家庭提供在日常作息中的一對一 ABA 治療，我很難設想到其他的服務方式。但我問自己：「如果我有一個患有 ASD 的孩子，我會怎麼做？」答案是，我不會讓各式各樣的人進入我家，每週花 20 到 40 小時與我的孩子一起實施 ABA 方案；答案是，我會在日常與孩子的互動中將 ABA 介入嵌入，並訓練其他家庭成員提供同樣的、孩子所需的密集介入措施。這就是我透過學習、訓練以及經驗所獲得的答案，但可惜的是，與我合作的家庭並沒有與我相同的背景。因此，為了幫助家庭學習如何以這種方式有效且有意義的滿足兒童的需求，我必須從原先的直接服務提供者的角色，轉變成為一位示範者、教練和催化者的角色。

有些人可能會主張 ASD 幼兒需要的是在日常作息的情境中進行一對一直接的 ABA 介入，培養其基本的社交互動能力、溝通能力、參與能力以及正向行為，才能於嵌入 ABA 的自然情境介入中受益。事實上，這可能是真的。但是，這不應該被視為是其中一種或另一種方法。是否需要補充性支持和服務，並非是決定 ABA 介入是否嵌入於 ASD 或相關障礙類別幼兒之自然情境中的因素。每位兒童在一天中都會參加各種自然發生的作息，這些作息當中提供了無法在治療環境中複製的真實學習機會，更不用說透過積極參與和主要照顧者一起的日常作息來增加的兒童的學習動機和類化。因此，本書

的主要目的是提供一種工具，賦能照顧者能夠在自然發生的作息中進行 ABA 介入，便於照顧者利用這些環境為孩子提供許多的學習機會。我希望透過本書中所提供的程序、工具和策略，能夠幫助實務工作者將密集的 ABA 介入納入到兒童及其家庭的日常生活經驗當中，以促進提升兒童的發展，增加兒童在家庭、學校和社區中的參與及融合。

自然情境介入概論

本章將討論對身心障礙幼兒使用自然情境介入（natural environment intervention, NEI）的方法，其中包括自然情境介入的法令基礎和如何有效執行自然情境介入的原則，也將一併探討自然情境介入方法在自閉症光譜障礙（autism spectrum disorder，以下簡稱 ASD）幼兒的相關研究。

 ## 自然情境介入

自然情境介入是一個美國聯邦政府在法案中針對特殊需求兒童所規範的早期療育服務方式，是在自然發生的作息中自然嵌入介入目標，系統化達成最佳的教學成效並盡可能提供更多的學習機會。照顧者每天花很多時間在孩子身上，但這些時間應被妥善運用在介入以提升孩子能力的發展。在使用自然情境介入時，照顧者無需騰出額外的時間以提供「治療」，而是可以在每日作息的脈絡中，學習專業人員所提供的、以實證為基礎之支持和訓練。自然情境介入雖然無需騰出額外時間進行教學或介入，但卻更需要系統化的在兒童日常生活中嵌入教學的機會。

根據聯邦特殊教育法規《身心障礙個體教育增進法案》（Individuals with

Disabilities Education Improvement Act, IDEIA）的 C 部分，自然情境被定義為兒童可以無障礙參與在家庭及社區環境中（IDEIA, 2004）。當中規定身心障礙嬰幼兒應被安置在最適當的自然情境中，並接受早期療育的服務。此規定的相關研究結果顯示，家庭跟社區的日常作息和活動均可以提供幼兒最理想且多樣化的學習機會（Dunst, Hamby, Trivette, Raab, & Bruder, 2000）。自然情境則包括以家庭、學校、社區為基礎的作息。以家庭為基礎的作息可能包括穿衣服、洗澡、進食、居家清潔、室內外的遊戲及閱讀圖書等活動；以社區為基礎的作息可能包括在便利超商、海灘、圖書館及公園等地點；以學校為基礎的作息可能包括圓圈時間、午餐時間、學習區、休息時間、圖書館、小組教學及全組（whole group）教學中。上述之家庭、學校及社區的日常作息提供幼兒更多不同的學習機會，當兒童主動參與日常作息時，就可在眾多機會中應用並精熟已具備的能力和持續學習新能力。

國際幼兒教育協會（National Association for the Education of Young Children, NAEYC）是世界上最大的幼兒工作組織，此組織的服務基礎及架構是以適性發展介入（developmentally appropriate practice, DAP）為主軸，其在幼兒教育的核心原則包括自我決策之知能、具挑戰性和可達成之目標及具意義性之有效教學等內容（NAEYC, 2012）。這些引導原則也提供了自然情境介入的架構，分為評估、目標設定、教學設計與執行，以及教學成效評估。在身心障礙幼兒身上結合使用適性發展介入及自然情境介入時，照顧者在評估過程中肩負重任，指出兒童的優勢、興趣、日常作息及現有能力和需求，為早期療育團隊提供更多有關兒童及家庭環境的訊息。早期療育團隊及照顧者協同合作討論，根據兒童現有能力設定目前可以達成的目標或是未來具挑戰性的目標。最後，自然情境介入的教學設計使用具實證研究支持的教學策略，在自然情境的日常作息中嵌入有效的教學及大量學習機會。自然情境介入及適

性發展介入的差異之處，是在於前者強調提供特定的策略及建議供照顧者在日常作息中執行，而後者則是提供更多與幼兒互動的一般原則（Pretti-Frontczak & Bricker, 2004）。

 ## 自然情境介入的相關研究

專業人員所考量到的不只是在**何處**（where）提供自然情境介入的服務，更考量到**如何**（how）提供服務（Shelden & Rush, 2001）。自然情境介入常被誤解為只強調與一般發展同儕融合，然而此方法其實更有助於身心障礙幼兒在融合的環境中進行介入並且學習（Chai, Zhang, & Bisberg, 2006）。因此，重要的是照顧者及早期療育服務提供者需要了解，自然情境介入不只是讓身心障礙幼兒參與日常作息及活動，更是在日常作息及活動中規劃和執行具目標性的介入。

研究者提出自然情境介入的多種方式，來引導早期療育服務提供者在實務中應用。Dunst 及同事（2001）提出自然情境介入的見解為：專業人員指導照顧者，使照顧者能進而提供由兒童發起及成人指導的情境式教學機會。換句話說，專業人員要在兒童的每日作息中找出自然的學習機會並進行介入。自然情境介入非常強調依兒童的興趣為考量並提升在日常活動中的主動參與度（Dunst, Trivette, & Masiello, 2011）。

Robin McWilliam（2010）以自然情境介入的模式來進行作息本位訪談（routines-based interviews, RBIs）。作息本位訪談是一種半結構化的訪談，早期療育服務提供者可以透過這個訪談與照顧者一同確認家庭最主要的擔憂、家庭的日常作息、兒童在日常作息的參與程度、家庭對每個作息中的滿意程度、家庭對於與兒童需求連結的期待成效、與兒童相關的家庭需求和整體家

庭需求狀況。更進一步比較使用作息本位訪談的個別化家庭服務計畫（individualized family service plan, IFSP）及使用發展能力取向的個別化家庭服務計畫，研究結果發現使用作息本位訪談所設定出來之個別化家庭服務計畫的長期與短期目標更具功能性（McWilliam, Casey, & Sims, 2009）。

Diane Bricker（2001）建議像是活動本位介入（activity-based interventions, ABI）等自然主義的教學方法，可以在不同情境的日常作息或活動中對兒童的長期與短期目標進行介入。活動本位介入方法抓住兒童的學習動機，並於每日活動中嵌入多元、多變且自然有效的學習機會。活動本位介入強調功能性能力的學習，這些能力可被應用在不同的環境及事件中（Pretti-Frontczak & Bricker, 2004）。

雖然使用自然情境介入的方法有很多，但這些方法是有共通點的，包括以家庭為中心的模式，強調個別化、以優勢為基礎、能力的建構，並依家庭的文化和價值觀來實施（Atkins-Burnett & Allen-Meares, 2000; Woods, Wilcox, Friedman, & Murch, 2011）。無論是何種介入模式，持續教練訓練以提供照顧者不同程度的支持，讓照顧者在自然情境中有效的進行介入是自然情境介入的重要概念（Rush, Shelden, & Hanft, 2003）。在自然的家庭及社區作息和活動中，使用以實證為基礎的方法及策略來提升兒童發展，也是這些自然情境介入方法強調的重點之一。

自然情境介入應用於自閉症光譜障礙幼兒

在討論如何將自然情境介入應用於 ASD 及相關障礙類別幼兒之前，此節會先介紹自閉症光譜障礙（ASD），並探討 ASD 幼兒的核心問題所在，對於不熟悉 ASD 幼兒的讀者可以藉此更了解 ASD，才更能有效的在自然情境

介入中處理 ASD 幼兒的核心問題。

○ 自閉症光譜障礙概述

自閉症光譜障礙（ASD）是個較廣泛的定義，你可能會聽過有人說兒童沒有自閉症（autism），但肯定「在該光譜上」。如果兒童有些與自閉症有關聯的特質，這也不一定代表兒童在該光譜上。如果一位兒童是在自閉症光譜上，意指兒童患有自閉症、亞斯伯格症（Asperger syndrome）或是其他未註明的廣泛性發展障礙（pervasive developmental disorder-not otherwise specified, PDD-NOS），前述三個障礙都屬於自閉症光譜障礙，都被歸類在廣泛性發展障礙（pervasive developmental disorders, PDD）之下。根據《精神疾病診斷與統計手冊第四版內文修正版》（*DSM-IV-TR*; American Psychiatric Association [APA], 2000），廣泛性發展障礙還包括雷特氏症（Rett syndrome）和兒童期崩解症（childhood disintegrative disorder, CDD）。就本書而言，討論 ASD 兒童的特徵時並不進一步探討這些障礙之間的差異。

在討論 ASD 兒童的損傷狀況前，需先強調 ASD 兒童各擁有其獨特的優勢及天賦，因為 ASD 是一種神經系統疾病，大腦的「布線方式」並不一定與一般發展的人一樣。因此 ASD 兒童可能可以做出一些同儕不能做出的能力，他們可能比同齡更早發展出識字能力、音韻覺識等能力。有些 ASD 幼兒有卓越的視覺空間能力，讓他們可以完成拼圖、形狀分類，或是設計給較大年紀兒童的建構性遊戲活動。ASD 兒童可能在音樂及藝術上有特殊天賦，然而並不是所有 ASD 幼兒都有特殊天賦，在進行介入規劃時應找到兒童的優勢及興趣所在。照顧者及早期療育服務提供者應聚焦並重視兒童的優勢，而不要只針對 ASD 兒童的損傷和問題所在。依上述內容，在評估與處理 ASD 幼兒的損傷時，應協助其進而參與在家庭、學校和社區中的作息並

發展其能力。

社交互動能力的損傷

ASD 兒童都有社交互動能力損傷的問題，然而並非都擁有相同類型的困難。有些兒童可能在非口語行為出現損傷的情形，像是眼神接觸、臉部表情與情緒表達、身體維持動作和社交性手勢。ASD 兒童可能不會自發性的尋找與他人互動的機會，但並不代表這些兒童「喜歡獨處」，這只是用來描述 ASD 的特質之一。當 ASD 兒童在獲得支持下學習如何與人互動、主動發起互動及維持互動過程，他們可能會喜歡社交互動勝過於獨處。這些與人互動的能力可稱為分享式注意力（joint attention）及社交互動技巧（social reciprocity skills），即是 ASD 兒童的核心損傷（Jones & Carr, 2004; MacDonald et al., 2006; Mundy, 1995）。

分享式注意力涉及兩位或以上的人彼此分享一個特定的物件、活動或想法的相關注意力。分享式注意力可以包括協調人與物件之間的注意力、社交夥伴的參與、在人與物件之間眼神的轉移、與另一人分享情緒狀態，以及為了分享經驗而吸引另一人對物件或事件的注意力（Baldwin, 1995; Mundy, Sigman, & Kasari, 1990）。這種類型的互動是相當簡單的，就像當兒童指著樹上的小鳥時，照顧者可以回應說：「真的耶！是藍松鴉在樹上！」在進行更複雜的社交互動時，也需要分享式注意力的能力。了解分享式注意力最簡單的方式，是想像當你在跟他人互動的時候，你會有跟他人「在一起」（in it together）的感受；但當與在自閉症光譜上的兒童互動時，你會覺得你很努力的與該兒童互動並與他有所連結，但卻可能得不到與一般發展兒童互動所經驗到的連結感。

一旦一位 ASD 兒童透過分享式注意力與他人建立起連結後，接下來兒

童就必須使用到社交互動技巧來參與「與人類互動之舞」（the dance of human interaction），過程包含一連串與他們注意的物件、活動或者是點子產生往復互動。社交互動建立在察覺他人的情緒及人際間的互動線索，並適當的轉譯和回應線索，積極參與和他人互動的過程（Constantino et al., 2003）。以下是一位媽媽和她兩歲女兒瑞貝卡的社交互動對話過程：

媽　　媽：瑞貝卡，現在是吃早餐的時間。

（瑞貝卡走向餐桌後站在兒童餐椅旁。）

媽　　媽：妳想要坐到妳的椅子上嗎？

瑞貝卡：幫我。

（媽媽一把抱起瑞貝卡讓她坐到椅子上。）

瑞貝卡：我想要吃鬆餅。

媽　　媽：好，妳想要香蕉配鬆餅嗎？

瑞貝卡：好。

（媽媽給瑞貝卡香蕉和鬆餅。）

在這個對話的例子中，媽媽和瑞貝卡一同分享並進行多次訊息往復交流，值得注意的是，其中有些不是以口語而是以行動來回應以發起對話或回應他人，這些全部是互動的交流。訊息交換可以使用口語或臉部表情、手勢及動作。同時，社交互動涉及做出發起（making initiations）和回應他人的發起（responding to the initiations），在上述的例子中，瑞貝卡可以回應母親所做的發起（例如：現在是吃早餐的時間），且能同時發起互動及做出回應（例如：我想要吃鬆餅）。在一般發展兒童身上，社交互動技巧是自然發展，而 ASD 兒童則是需要密集介入來學習參與互惠的社交互動。

溝通能力的損傷

　　ASD 兒童在與溝通夥伴互動時，可能有訊息的傳遞跟接收上的困難。在參與互惠的社交互動過程時，個體需要用到口語及非口語的接收和表達的溝通能力，非口語的溝通包括眼神接觸、臉部表情、身體姿勢、社交性手勢及動作的使用等，以及具備轉譯他人非口語行為的能力。而口語溝通能力主要是以口語回應，或是以手語、圖片交換及溝通輔具等方式來回應或發起與他人的互動。表達性語言能力是指使用語言的方式來與他人分享知識、想法及意見。當兒童的表達性溝通出現損傷時，他們在表達需求、對話中的評語、回應或是發問問題，都可能會出現困難。而 ASD 兒童在使用表達性語言時，可能還會因為構音功能受損，或無法適當的使用音量或音韻，造成易出現鼻音化或是機器人似的發音，導致其內容不易被理解。接收性語言能力是指對語言的理解。當兒童的接收性溝通出現損傷時，在所需理解的語言難易度超出其理解程度的情況中，他們可能難以做出回應。

　　一般發展兒童以非口語溝通來輔助口語溝通，使用手勢、眼神接觸、臉部表情及身體姿勢來傳達訊息。很多身心障礙兒童因口語溝通能力受限，故會使用更多非口語溝通能力來代償。但 ASD 兒童卻無法使用這種代償方式。事實上，他們經常因為非口語溝通能力受限，導致傳遞錯誤訊息給溝通夥伴。例如，許多 ASD 兒童在講話時不會使用適當的眼神接觸，因而未傳達出他們事實上是向某一特定對象說話。另外，若他們不會使用臉部表情來溝通想法和感覺，可能會被誤解為沒有參與或不感興趣，但是事實並非如此。當兒童參與同儕活動時，有很多機會能使用眼神接觸、手勢及臉部表情等非口語溝通方式，進而建立關係，ASD 兒童則常因為非口語溝通能力受限導致錯失與同儕建立關係的機會。

　　有些 ASD 兒童可能會出現固著及重複的語言，這是指他們會有特別的

語言使用方式，包括鸚鵡式仿說（echolalia）或可能在很久以後還重複說著之前聽過的話。鸚鵡式仿說常被認為是非功能性的語言使用，但 ASD 兒童有可能使用鸚鵡式仿說來作為有意義的溝通方式。例如：一位三歲自閉症女孩在幼兒園下課前的接送時間，以鸚鵡式仿說持續說著：「髒，要洗澡。」教師及父母想停止她這種「非功能性」的語言使用方式，而早期療育服務提供者則是假設小女孩是因為穿著漂亮的裙子，所以不想在接送時間時坐在走道上等待父母來接，這樣坐在走道會讓裙子髒掉。所以早期療育服務提供者建議教師可以提供椅子讓她和其他學生一起坐在走道上。當執行這項調整後，小女孩便停止鸚鵡式仿說。從上述的例子可知，小女孩的鸚鵡式仿說確實是具功能性的溝通，因為她沒有適當的表達性語言能力說出：「我不想坐在走道上，因為會把我的裙子弄髒。」所以她選擇一句當她身體髒的時候，在家中最常聽到母親說的話。有些兒童在想要與他人互動時可能會使用鸚鵡式仿說的方式，是因為沒有適當的社交溝通能力來發起互動，因此，他們才使用鸚鵡式仿說來嘗試發起與他人的溝通。其他有 ASD 的兒童可能有口語自我刺激行為（verbal self-stimulatory behaviors）或口語刺激（verbal stims），以非功能性的方式來發出特定聲音、字詞、短語或句子。使用口語刺激的兒童通常是因為無法參與在一個具意義性的互動或活動中。因此，當兒童開始使用口語刺激時，重要的是讓他們主動參與活動，而不僅僅是阻止他們做出口語自我刺激的行為。

受限的興趣和重複的行為

根據 *DSM-IV-TR*（APA, 2000），ASD 個體至少有以下其中一項特徵：

• 受限的興趣；對特定的興趣感到強烈的迷戀

- 同一性的需求；反覆性的作息
- 自我刺激的肢體動作
- 對於物件或物件的某一部分特別著迷

第一個特徵是指 ASD 兒童在某些事物上特別感興趣，進而限制他們發展各種不同興趣的能力，例如，兒童可能對火車特別熱情，所以只想玩火車或談論火車。有些 ASD 個體則有同一性的需求，極力主張特定事件每次都使用相同的方式對應，例如，兒童可能強烈渴望維持特定的作息，想要在睡前時間唸特定的故事書接著唱特定的歌曲，只要在特定的作息中做出一點點的改變，可能會導致兒童做出挑戰性行為。而最好的方式是教導有同一性需求的兒童如何處理及面對些微改變的情形，而不是持續的「小心翼翼」（walking on eggshells）避免讓他們生氣。

固著和重複的動作包括身體擺動、拍手、旋轉物件、將物品排列成直線，或是其他沒有功能性目的的動作。有些 ASD 兒童對物品的物件（如玩具車的輪子）感到興趣，他們在拿起一台玩具車後，會旋轉和檢查輪子並探究輪子的運作方式，因此他們玩的方式可能會與其他兒童的玩法不太一樣。這類固著的行為常出現在兒童無法參與有意義活動的時候，就像先前討論口語自我刺激行為的部分。所以當兒童出現固著的行為時，重要的是將兒童正向的重新導向參與活動中，而非只是阻止他們做出這樣的行為。

自閉症光譜障礙兒童的其他特徵

除了社交互動、溝通損傷、反覆固著的行為和／或受限的興趣等情形之外，有些 ASD 兒童可能還會出現其他不同的挑戰，ASD 兒童及其家人所可能面對的其他挑戰包括極度焦慮或害怕的情緒、過度敏感、食物過敏、睡眠

問題、腸胃道問題、注意力困難、餵食問題、嚴重的挑戰性行為、癲癇、認知損傷、精細和粗大動作困難。因為 ASD 幼兒的照顧者可能需要處理很多不同面向的困難及挑戰，所以此時早期療育服務提供者必須要評估兒童所出現的挑戰為何，並發展介入方法供照顧者處理所關注的特定問題。

○ 自閉症的異質性

對於讀者來說，相當重要的是了解 ASD 兒童雖具有共同特徵，但其異質性（variability）相當高，只能從不同向度來區辨自閉症兒童與其他一般兒童的發展情形間的差異（Thompson, 2011）。Travis Thompson（2011）在其著作《幼兒的個別化自閉症介入：融入單一嘗試以及自然情境的策略》（*Individualized Autism Intervention for Young Children: Blending Discrete Trial and Naturalistic Strategies*）中討論了自閉症的異質性，指出 ASD 兒童在社交互動和溝通能力出現損傷，且多出現非功能性的重複行為或有限的興趣範圍，並討論了因為兒童的智能、語言能力、注意力不足或過動症狀，以及情緒焦慮等因素對自閉症症狀的影響。在為每一位兒童規劃早期療育服務所提供的計畫及支持時，均應進行周全的評估，以確保每位兒童可以接受符合個別需求的適當服務。

○ 自然情境介入運用於自閉症光譜障礙幼兒的理論概念

雖然 ASD 兒童及其家人同時面對很多挑戰，許多研究證實密集的早期療育對於這些兒童有其成效（National Research Council, 2001; Woods & Wetherby, 2003）。在 2001 年的國家研究會議（National Research Council，以下簡稱 NRC）中，進行 0 到 8 歲 ASD 兒童之教育介入研究的系統性回顧，會議中提出為 ASD 兒童進行有效介入的必要元素。根據 Wetherby 與 Woods（2006）整理上

述會議中所提及關於自然情境介入有效性的元素，內容如下：

1. 兒童必須學習具功能性及具意義性的能力。
2. 學習應該發生在日常生活、遊戲及社交互動中，且由照顧者在每日生活中反覆練習著。
3. 照顧者應該要能夠成為教學與學習過程中的橋梁。

依據 NRC 的建議，研究者多年來進行 ASD 幼兒使用自然情境介入的成效探討，研究至今，有關照顧者在自然情境對 ASD 幼兒進行介入的成效陸續得到大量的證據支持。相關研究說明如下：五位自閉症學前兒童家長的研究顯示，家長能有效能的在日常作息中執行以實證為基礎的教學策略（Kashinath, Woods, & Goldstein, 2006）。17 位 ASD 兒童家長在日常作息中以自然主義教學策略執行介入，結果顯示，兒童的社交溝通能力在介入後有顯著的進步（Wetherby & Woods, 2006）。另一研究結果顯示，當自閉症學前兒童參與感興趣的日常家庭活動或社區活動時，在語言、社交及動作能力的發展會更優於未對自閉症兒童興趣做考量的介入組（Dunst, Trivette, & Masiello, 2011）。自閉症兒童適性發展治療方案（Developmentally Appropriate Treatment for Autism, Project DATA）是一個 1 到 3 歲 ASD 學前兒童的融合教育計畫，其研究結果顯示當教師在班級作息和活動中嵌入以實證為基礎的教學策略，可以改善兒童的社交溝通能力、認知發展及自我管理能力（Boulware, Schwartz, Sandall, & McBride, 2006）。

○ 自然情境互動對自閉症光譜障礙幼兒的獨特性

在 ASD 幼兒身上使用自然情境介入是與多數研究建議密集介入 ASD 兒

童的觀點有點矛盾的。從學者 Lovaas 於 1987 年提出著名的單一嘗試教學法（DTT，詳見第 2 章）研究結果建議，ASD 兒童應接受每週 40 個小時一對一的單一嘗試教學法專業訓練計畫。這個建議符合照顧者及專業人員普遍認為 ASD 兒童無法像一般發展兒童在自然的家庭和社區作息中學習。事實上，ASD 兒童的確無法像一般發展兒童那樣學習，因此他們需要替代的教學策略。但這並不代表 ASD 兒童不能在日常作息中學習，而是 ASD 兒童需要在日常作息經驗中接受特殊的介入，進而提升其在自然經驗中的學習。

不同於每週 40 個小時單一嘗試教學法研究結果的建議，NRC（2001）建議 ASD 兒童每週至少接受 25 個小時密集性的活動參與教學計畫。很多照顧者跟專業人員都誤以為是每週接受至少 25 個小時在治療性或臨床環境中的一對一教學，實則不然。幼兒應該在家裡、學校或社區環境的現行作息中，接受每週 25 個小時經過仔細自然情境介入設計的密集介入課程。當然，依據兒童的症狀，有些兒童還需要一對一的應用行為分析（ABA）介入，例如，兒童因中重度的認知、語言、社交損傷、注意力或焦慮情緒的問題影響，這位兒童或許會需要接受一對一治療性應用行為分析的介入以著重處理這些困難，並進而有助於兒童在自然情境介入中的學習。

自然情境介入對 ASD 幼兒的獨特性為何？第一點，以興趣為基礎的方法在提升兒童主動參與日常作息是相當重要的，同時也需將介入的目標能力鎖定在兒童的核心損傷上，尤其是提升其分享式注意力、社交互動技巧及溝通能力。

第二點，在日常作息中所選擇的教學策略必須是以實證為基礎的，尤其是以 ASD 兒童為對象的研究實證。在 ASD 幼兒的介入方法中，應用行為分析便相當具有介入成效的研究基礎（Koegel, Koegel, Harrower, & Carter, 1999; Lovaas, 1987; McGee, Morrier, & Daly, 1999; Pierce & Schreibman, 1997）。應用行

為分析教學策略能夠且應該自然的在日常作息中應用，而不是像照顧者和專業人員的迷思一樣，認為應用行為分析只能被使用在將兒童抽離自然情境的一對一教學中。一對一教學的應用行為分析治療在兒童動機及所學能力類化的部分較易出現困難；而自然情境介入相當強調幼兒的興趣及使其參與在熟悉或喜愛的作息中，故動機部分較佳，且幼兒在其中所學為有意義性和功能性的能力，所以類化的問題也較少。

最後一點，每週至少接受 25 個小時的自然情境介入的對象是 ASD 兒童，如果介入對象為輕度發展遲緩兒童，則可能不需要每週 25 個小時的密集性介入，因此，早期療育團隊必須在評估及規劃介入時考量兒童的需求。

本章總結

本章提供自然情境介入的概論及應用於 ASD 幼兒的情形。自然情境介入不只是建議早期療育服務提供者可以使用，同時是聯邦法規所要求的。早期療育服務提供者可以透過熟悉以家庭為中心之實踐做法的眾多文獻，來指引自身對自然情境介入的實踐，及提供準則以提供教練訓練來支持照顧者學習在家庭和社區日常作息中進行以實證為基礎的介入。自然情境介入提供每週 25 個小時的密集介入方案，並結合應用行為分析的教學原則，對於 ASD 幼兒在社交互動及溝通的核心損傷問題上的處理，具有相當的意義性。

認識應用行為分析

本章介紹應用行為分析（applied behavior analysis，以下簡稱 ABA），簡單概述行為主義以及討論行為主義如何為 ABA 奠定基礎。本章內容涵蓋 ABA 的七個向度與在自然情境中符合這七個向度的方法，並簡要概論應用於 ASD 幼兒的特定 ABA 教學法，包括單一嘗試教學法（discrete trial training, DTT）、核心反應訓練（pivotal response treatment, PRT）、隨機教學（incidental teaching, IT）與應用語言行為（applied verbal behavior, AVB）。本章最後討論如何在自然情境中實施 ABA 以滿足 ASD 兒童的需求作為總結。

 ## 行為主義概述

應用行為分析（ABA）是以行為主義的原理為基礎。行為主義是一種學習理論，認為所有的行為都是藉由制約而習得。行為主義將制約分成兩種形式：古典制約與操作制約。古典制約是將一個中性刺激與自然產生的刺激（非制約刺激）配對，使中性刺激也能同樣誘發出自然刺激所能誘發出的反應。在 1900 年代早期，Ivan Pavlov 在他對狗的實驗中驗證古典制約。在這個研究中，自然刺激為食物，反應為流口水，也就是說，當狗看到食物時，

會流口水。Pavlov 成功呈現如何藉由配對讓不同刺激能誘發出相同的反應：每當呈現食物給狗時，就敲響鐘鈴，然後狗就會流口水。最後，當鈴聲響起，就算沒有呈現食物，狗仍然會流口水。就這樣，狗被制約成每當聽到鈴聲就會流口水。

操作制約以 B.F. Skinner 的研究為基礎，是一種藉由獎賞與處罰而學習的方法。從 1930 年代到 1950 年代，Skinner 進行了許多研究來驗證環境後果對行為的影響，他最負盛名的研究之一就是使用正增強教導鴿子啄橫桿：每當鴿子啄橫桿，飼料就會掉下來，因此鴿子學會增加牠們啄橫桿的行為來得到食物。

ABA 將實驗室情境與以動物為研究對象的實驗性行為制約，延伸運用至自然情境與人身上，是一種運用行為主義原則使個體生活產生有意義改變的科學。ABA 科學化的提供一個積極的方式來教導新能力與處理問題行為，這包括設定具跨情境意義性之特定的、可觀察的與可測量的目標；設計明確且詳細的行為介入以教導可達到目標的能力；以及持續藉由數據蒐集與分析來監控進展。

 ## 應用行為分析的發展史

ABA 領域「誕生」於 1968 年，Bear、Wolf 與 Risley 於《應用行為分析期刊》（*Journal of Applied Behavior Analysis*）第一卷發表他們〈當前應用行為分析的向度〉（Some Current Dimensions of Applied Behavior Analysis）這篇劃時代的文章。在這篇文章中，他們提出一個實施應用行為分析研究的架構，這個架構定義一個單一受試者的研究，必須包含七個向度才能被稱為是ABA。如今，這個架構也被用於非以研究為目的的 ABA 介入方案中。不論

ABA 是用於研究或每日的介入方案，至今仍以下列七個向度來定義：

1. 應用性（Applied）
2. 行為性（Behavioral）
3. 分析性（Analytic）
4. 概念性（Conceptual）
5. 技術性（Technological）
6. 有效性（Effective）
7. 類化性（Generality）

以下將針對每一個向度進行詳細討論，並摘要於表 2.1 中。

◯ 應用性

　　一個介入如果有立即性的表面效度，也就是說，如果它可以解決一個重要的問題，就可以稱為具有**應用性**（Baer, Wolf, & Risley, 1968, 1987; Bailey & Burch, 2002）。換句話說，**應用性**是指介入的實施能使個體的生活產生有意義的改變，而這個期望能藉由設定適當的 ABA 介入目標來達成（詳見第 4 章）。為 ASD 幼兒設定的目標有時對兒童本身來說並沒有意義，舉例來說，一對一的 ABA 方案可能包括像是模仿積木設計、將平面圖裡的物件與實際立體物件配對，或將物件歸類到適當的類別等目標，這類目標不見得對兒童本身在任何自然情境中有什麼意義，也不見得可增進兒童及其家人的生活品質。然而，目標可以設計來解決 ASD 兒童的溝通與社交互動損傷，像是在遊戲中模仿同儕、藉由指出想要的東西的圖片來表達需求，或用完整的句子描述一個經驗。當前述的這些目標達到精熟後，對兒童而言，這些能力在多

種情境下都是有用的，並且也可促進兒童與他人互動的能力。

○ 行為性

行為性意指 ABA 介入所設定的目標必須是可觀察且可評量的。一個可觀察的目標會聚焦在兒童實際上做了什麼行為，並可由他人觀察與紀錄（Baer, Wolf, & Risley, 1968, 1987; Bailey & Burch, 2002），像是「兒童會開心」的陳述就不符合所謂的可觀察的目標。「開心」並不是一種一定可以看得到的東西，雖然有些人開心的時候會很明顯的微笑或大笑，但有些人開心的時候則很難看得出來；相反的，一個可觀察的目標可以這樣的方式陳述：「當同儕加入一起玩遊戲的時候，兒童會與同儕眼神接觸」。

可測量的目標意指不同人可以使用相同的方式蒐集兒童行為表現的數據，這可藉由明確的界定行為期待來達到。若一個目標陳述為「兒童在操場上會參與活動」並不算是明確界定的目標，因為不同人可能會以不同的方式來評量參與的行為，參與有可能是指在遊戲區加入另一位兒童的遊戲、邀請另一位兒童一起玩、在遊戲活動中與另一位兒童互動、獨立使用遊樂器具，或表現出其他行為。因此，在撰寫一個目標時，清楚界定行為要如何才能符合期待是非常重要的。

○ 分析性

分析性是指實施的介入程序與實際的行為改變間具有函數關係（Baer, Wolf, & Risley, 1968, 1987; Bailey & Burch, 2002）。換句話說，是因為對兒童實施的介入使得兒童的行為產生改變。在研究設計中，可以使用多種方式來呈現這種關係，像是多基線設計、倒返設計與重複評量。這些研究方法有系統的蒐集數據來證明是介入造成了行為改變。然而，當 ABA 的實施是在自然

情境中以介入為目的而非以研究為目的時，則較難以達成 ABA 的這一個向度。在實施日常行為介入時，通常會使用教學設計，而教學設計僅蒐集基線期與介入期的數據。實際上，服務提供者通常只能藉此記錄來呈現介入造成了行為改變。

因此，為滿足 ABA 的**分析性**向度，服務提供者在開始實施任何 ABA 介入之前，至少做到蒐集基線期的數據是非常重要的。如果沒有蒐集基線期的數據，就難以得知是不是介入造成行為改變，再者，蒐集基線期的數據可讓服務提供者判斷介入是否有效。舉例來說，若兒童在從戶外遊戲要轉銜到室內吃晚餐時會出現發脾氣的行為，父母和服務提供者可能會嘗試用特定的策略來減少兒童發脾氣行為，並增加其能適當轉銜的能力。如果有蒐集基線期的數據，團隊就可以比較介入期與基線期的數據來判斷介入是否有效；如沒有數據可供比較，父母可能會只因為相信介入無效就停止介入。而即使兒童發脾氣的情形還是持續發生，但若發生的頻率較基線期少或強度較基線期弱，就應該持續執行介入直到達到期望的成果。

○ 概念性

概念性是指介入中所使用的教學程序是以行為主義的原則為基礎（Baer, Wolf, & Risley, 1968, 1987; Bailey & Burch, 2002）。這可能指的是使用正增強（positive reinforcement）程序、提示／褪除程序（prompting/fading procedure）、塑形（shaping）、時間延宕（time-delay）、行為動能（behavioral momentum）、工作分析（task analysis）或消弱（extinction），在這裡僅列出一部分，第 5 章將提供這些及其他策略的詳細說明，包括定義與範例。

為滿足 ABA 的**概念性**向度，教學程序必須使用已經由行為研究證實有效的策略，一個教學程序可能是有效的，但若未包含行為教學策略，就不是

一個 ABA 介入。舉例來說,一位孩子可能因聽過姊姊在吃完飯後說「吃完了!」而學會在吃完飯後說同樣的話,在這個例子裡,同儕示範是一個有效的教學程序,但它並不是一個 ABA 介入,因為它並沒有使用任何特定的行為策略。然而,如果姊姊的示範並不足以讓這位孩子學會說「吃完了!」父母必須使用提示/褪除程序來教導孩子這麼做,那麼這個介入就具有概念性,因為它有使用至少一個行為策略。

○ 技術性

　　ABA 的技術性向度所指的意思與大多數人一聽到「技術」(technology)這個詞時所聯想到的意思無關。它意指教學程序撰寫得夠清楚且明確,以至於任何執行程序的人都會以完全相同的方式進行(Baer, Wolf, & Risley, 1968, 1987; Bailey & Burch, 2002)。這裡的關鍵字是「撰寫」(written),若沒有撰寫教學程序,是很難滿足這個向度的要求的。雖然執行 ABA 介入的團隊成員可以開會討論如何進行教學,但單靠這些討論是不可能讓每個人都會以完全相同的方式執行介入。因此,最好把教學程序以書面的形式寫下來讓大家得以隨時參閱。第 5 章提供一個符合技術性向度的 ABA 介入計畫範例,附錄 A 至附錄 F 亦有其他的介入計畫範本。當你開始實施 ABA 介入時,撰寫教學程序是費時的,因此這些範本提供你一個可用於教導兒童的教學程序資料庫,讓你節省花費在發展教學程序的時間。當然,你必須依照每位兒童的個別需求調整這些教學程序,而你的介入目標有可能並未包含在這些範本中。然而,你將會發現,一旦有了撰寫教學程序的經驗後,要發展技術性的教學程序將會變得越來越容易。

○ 有效性

有效性是指使用的介入可使得兒童的行為產生有意義的且顯著的改變（Baer, Wolf, & Risley, 1968, 1987; Bailey & Burch, 2002）。我們要如何判定什麼程度才是顯著的改變呢？Baer、Wolf 與 Risley（1968）建議我們問自己這樣的問題：「這個特定的行為需要有多少改變呢？」舉例來說，如果你正在執行一個介入以增加兒童與同儕的正向社交互動並減少對同儕的攻擊行為，那麼攻擊行為必須大量減少才可聲稱介入是有效的，如果有位兒童在基線期時每星期會打同儕 20 次，而在介入後打人的行為降為每星期 15 次，這樣的行為改變並不足以讓介入被認定為是有效的。兒童對同儕的攻擊行為必須大幅降低，我們才能認定介入是有效的，如果兒童對同儕的攻擊行為從每個星期 20 次降為 5 次，這時候聲稱介入是有效的才妥當，當然，這個介入就可以持續下去直到攻擊行為完全消失。

有效性向度中會進行數據分析。很多時候，服務提供者在執行 ABA 介入時會蒐集數據，但是只蒐集數據是不夠的，服務提供者還必須分析數據以作為教學決策時使用，而要做到這一點，最好的方法就是把所蒐集到的數據繪製成圖。藉由翻閱資料夾裡一頁又一頁的數據紀錄表是無法分析數據的，針對每一個目標，你應該繪製成圖來呈現兒童的進步情形，然後必須檢視圖裡的數據點以確定兒童的進步情形是否適當。第 6 章描述各種不同蒐集與繪製數據的方法，並概述可作為教學決策用的數據檢視步驟。

在研究設計中，有效性也包含信度。這意指所使用的介入已被證實為在各種不同環境與情境中，對不同的個體都有正向的效果。簡而言之，當一個介入對不同的人重複實施，且對全部或大部分接受介入的人都有正向效果，那就是一個有可信度的介入。這個向度與概念性向度相輔相成。研究已顯示，專為 ASD 兒童所設計且運用行為主義原則的介入是有效的，像是正增

強、塑形、提示／褪除程序、行為動能與時間延宕（Davis, Brady, Hamilton, McEvoy, & Williams, 1994; Lovaas, 1987; McGee, Almeida, Sulzer-Azaroff, & Feldman, 1992; Pierce & Schreibman, 1995）。因此，在 ABA 介入中使用這些策略是因為它們有一致的信度，而這也是為什麼它們是 ABA 教學程序概念性架構的一部分。

○ 類化性

類化性意指兒童將習得的能力運用於各種環境與情境中。ASD 兒童將所學進而類化的能力通常是不足的（Gresham & MacMillan, 1998），因此，與其期望兒童能自發的將所學類化，教師應仔細規劃以教導他們如何類化正在學習的能力。如果 ABA 介入方案滿足應用性向度，並且所發展的目標是對兒童在不同情境下都是有意義的，那麼為類化做規劃就會變得比較簡單。舉例來說，如果目標是教導兒童與人打招呼，那麼教學程序就可以在家裡、便利超商、公園與幼兒園中實施。另一種為類化做規劃的方式為 Stokes 與 Baer（1977）所稱的「寬鬆訓練」（train loosely），這指的是以不同的方式向兒童提出要求，讓他們學會如何回應以不同形式提出的要求，這也意指接受兒童做出不同形式的適當回應，而不是只教導一種特定的回應方式。下面的情景清楚說明針對 ASD 兒童進行寬鬆訓練的重要性：

布萊恩是一位有自閉症的 5 歲小男孩，他正在學習如何回應他人的問候。所使用的介入方式是非常特定的，大人會說：「嗨，布萊恩！」然後布萊恩必須說：「嗨！」再說出那位大人的名字。那麼，有一天布萊恩和他的媽媽在社區的公園玩，一位穿黃色上衣的陌生人向布萊恩說：「哈囉！」雖然就算這位女士是說「哈囉」而不是「嗨」，布萊恩還是知道要回應確實做

得很好，但他卻因為不知道這位女士的名字，而說：「嗨……黃衣服。」這樣的表現就不是那麼好了。他知道正確的回應是說「嗨」，然後名字，所以他只好編出可以想得到的最接近的名稱。這樣的問候結果挺詼諧的，而這也是一個為什麼不能只教導過度特定之回應方式的完美例子。相反的，布萊恩應該要學會他可以說「嗨」再加上問候者的名字，或只說「嗨」或「哈囉」、「你好」，又或是任何其他適當的問候方式。

表 2.1 摘錄 ABA 介入的七個向度。

▶▶ 表 2.1　應用行為分析的向度

向度	說明
應用性	介入是為了對兒童的生活帶來有意義的與正向的影響。
行為性	目標是可直接觀察與評量的。短期目標定義得夠清楚使不同人均可以用相同方式評量行為。
分析性	數據證明是介入造成行為的改變。
概念性	介入採用以實證為基礎的行為教學策略。
技術性	教學程序撰寫得夠清楚使不同人可以用相同的方式執行教學。
有效性	介入造成行為的顯著正向改變。
類化性	習得的能力可以維持一段時間，並運用於不同的情境與場合中。

ABA 於自閉症光譜障礙兒童的應用

在 1970 年代晚期，研究者開始將 ABA 應用於 ASD 兒童。自此，各種

ABA 的特殊應用策略被發展出來以幫助 ASD 兒童學習。接下來將簡介幾個針對 ASD 兒童發展的 ABA 教學法，包括單一嘗試教學法、核心反應訓練、隨機教學與應用語言行為，這些是最常見運用於教導 ASD 兒童的 ABA 方法，讓服務提供者了解這些寶貴的教學方法，進而讓他們學會在自然情境中如何適當的運用這些方法是很重要的。

單一嘗試教學法

　　單一嘗試教學法（DTT）是一種 ABA 方法，將能力拆解成單一的任務並使用結構化行為教學以確保兒童精熟每一任務（Lovaas, 1987）。單一嘗試教學法採用 A-B-C 教學形式。A，或稱為前事（antecedent），代表兒童針對特定刺激做出反應的機會，前事可以是一個問題、一個指令、一個評語、一個手勢，或任何一種需要回應的刺激；B，或稱行為（behavior），是兒童對前事表現出的適當反應；C，或稱後果（consequence），是在適當行為之後給予的正增強。當然，如果兒童不具備現在正在教導的能力，不給予一些協助就要他針對前事做出反應是不可能的。我們可以使用提示的方式給予協助，提示是一種線索，可以是口語的、手勢的或肢體的。提示是在前事之後給予，以促使兒童能夠成功表現出我們期待的行為，然後再給予正增強。提示最終會慢慢的褪除，直到兒童可以完全不需要任何提示就能表現出行為。單一嘗試教學法提供兒童多次的學習機會（或嘗試）以促進精熟，這些嘗試可能是連續出現好幾次，稱為集聚嘗試（mass trialing）。然而，多次嘗試也可以融入在兒童的日常生活中實施。單一嘗試教學法最重要的是它可以避免向 ASD 兒童提出徒勞無功的要求（empty request），通常服務提供者會呈現一個前事（問題、評語、指令），但兒童不會回應，這是一個徒勞無功的要求，除非服務提供者有隨之確保兒童做出成功回應。相較之下，使用單一嘗

試教學法時，服務提供者會使用提示以確保兒童能成功回應，並在兒童做出回應後給予正增強。第 5 章將會討論嵌入式單一嘗試教學（embedded discrete trials），這個策略將 A-B-C 教學順序嵌入於自然發生的作息與活動中。其他在實施單一嘗試教學法時使用的行為策略，如正增強、提示／褪除程序、塑形，將會在第 5 章中討論。在以下的例子中，一位母親在進行共享式閱讀時使用單一嘗試教學法，教導他的女兒愛莉森如何翻頁。

（媽媽唸書給愛莉森聽）

媽媽：愛莉森，翻到下一頁。（前事）

（愛莉森沒有回應）

媽媽：愛莉森，翻到下一頁。

（媽媽指著書本的頁面並把書推向愛莉森。）（有提示的前事）

（愛莉森翻頁）

（媽媽微笑並看著愛莉森的眼睛。）

媽媽：做得好！我們來看看接下來發生什麼事！（後果：正增強）

◎ 核心反應訓練

核心反應訓練（PRT）也是一種 ABA 方法，在兒童的自然情境中提供結構化教學（Koegel, Koegel, Harrower, & Carter, 1999）。不同於單一嘗試教學法將能力拆解成單一的任務，核心反應訓練著重在處理五個核心領域，這個方法是以一個前提為基礎，當目標放在這五個核心領域時，其他未列為目標的領域也會跟著產生變化（Koegel & Koegel, 1995）。五個核心領域分別為動機（motivation）、對多線索的反應（responsivity to multiple cues）、自我管理（self-management）、自我發起（self-initiations）與同理心（empathy）（Koegel et al., 1999）。家庭參與是核心反應訓練的關鍵成分，因為介入是在兒童日常生活中的家庭與社區等的自然情境中實施。實施核心反應訓練時使用的策略包含在自然情境中安排環境以製造社交互動與溝通的機會、跟隨兒童的引導以增加動機、以接受所有的嘗試來塑形行為並逐步改善回應的品質，以及對兒童所做的嘗試給予自然增強（Koegel & Koegel, 2006），這些策略將在第 5 章中詳細介紹。在自然情境中運用這些策略並執行介入，有助於確保兒童能將所學的能力類化到各種不同的情境當中。以下的例子為一位父親使用核心反應訓練教導他的兒子亞歷克斯如何指出想要的物品。

（亞歷克斯站在廚房長桌旁並啜泣。）

（爸爸蹲下來和亞歷克斯面對面，跟隨兒童的引導）

爸爸：亞歷克斯，你一定是想要什麼東西。

（亞歷克斯繼續哭泣。）

爸爸：你要果汁嗎？（爸爸示範如何指果汁杯。）

（亞歷克斯伸出手要拿果汁杯，但沒有指它）

爸爸：亞歷克斯，拿好。

（爸爸把果汁杯拿給亞歷克斯以作為自然增強，下次將會著重在教導亞歷克斯用手指而非伸手拿。）

○ 隨機教學

隨機教學（IT）是另一種 ABA 方法，運用自然情境促進兒童溝通與社交互動的使用（Hart & Risley, 1975）。使用隨機教學時，照顧者與服務提供者跟隨兒童的引導，進而製造機會讓兒童為了得到想要的東西與滿足其需求而溝通。就如同核心反應訓練，隨機教學著重在提升主動發起、增強動機與促

進類化。實施隨機教學時，亦會同時使用自然增強、環境安排（environmental arrangemwnt）、時間延宕、提示／褪除程序，以及示範／要求模仿（modeling/ request imitation）等策略（有關這些策略的詳細說明請見第 5 章）。另外，也可教導一般發展的同儕如何使用隨機教學與核心反應訓練，以促進其與 ASD 兒童的溝通與社交互動（McGee, Almeida, Sulzer-Azaroff, & Feldman, 1992; Pierce & Schreibman, 1995, 1997），這類同儕媒介介入（peer-mediated intervention）將於第 5 章中討論。

○ 應用語言行為

應用語言行為（AVB）這一種 ABA 方法，不但結合單一嘗試教學法也倚賴 B.F. Skinner 的語言分類（Skinner, 1957）來教導語言的習得，這包含教導 ASD 兒童先請求、命名、模仿，然後再參與對話。根據 Skinner 的研究，這些能力在應用語言行為裡稱為要求（mand）、命名（tact）、仿說（echoic）、互動式語言（intraverbal）、文字讀出（textual）以及聽寫（transcriptive）（Sundberg & Michael, 2001）。《今日的應用行為分析》（*The Behavior Analyst Today*; Kates-McElrath & Axelrod, 2006）中的一篇文章清楚解釋單一嘗試教學法與應用語言行為之間的一些其他差異。在單一嘗試教學法中，兒童通常是在做逃逸激勵（escape-motivated）的行為。換句話說，他們完成任務，然後因此得到休息的機會。而在應用語言行為，服務提供者本身就是一個制約的社會性增強物，意指兒童被教導去享受他們與服務提供者之間的互動，而不是試著逃離互動。單一嘗試教學法與應用語言行為的另一個差異在於，單一嘗試教學法通常是在一個一對一且無干擾的環境中實施，而應用語言行為除了在無干擾的環境中實施外，亦包含在自然情境中的介入或使用自然情境訓練（natural environment training, NET）以提升兒童的動機。單一嘗試教學法

與應用語言行為使用不同的課程指引來做目標選擇，單一嘗試教學法使用 Lovaas 等人發展的課程作為課程範圍與順序（Lovaas, 2003; Lovaas et al., 1981; Maurice, Green, & Luce, 1996），應用語言行為則使用 Partington（2007）發展的基礎語言與學習技能評量一修訂版（The Assessment of Basic Language and Learning Skills-Revised, ABLLS-R）及 Sundberg（2008）所發展的語言行為里程碑評量與安置方案（Verbal Behavior Milestones Assessment and Placement Program, VB-MAPP）等兩個評量工具。

○ 自然情境中的使用

有越來越多證據支持，照顧者在自然情境的日常作息中對 ASD 幼兒執行 ABA 介入具有正向效果（Boulware, Schwartz, Sandall, & McBride, 2006; Kashinath, Woods, & Goldstein, 2006; Wetherby & Woods, 2006）。在自然情境中而非在治療情境中應用 ABA 介入有許多好處，包含提升兒童的動機、提升習得能力的類化，與增加照顧者的能力和信心。在自然情境中執行 ABA 介入時，來自不同 ABA 方法的策略都可以以某種方式被運用。然而，當規劃一個要在家裡、學校與社區情境自然發生，且在作息與活動中執行之完整 ABA 介入方案，本書並不鼓勵服務提供者選擇一種特定的 ABA 方法。在滿足父母的優先考量的同時，目標必須是個別化、發展適切的，且對兒童是有意義的。因此，使用市售套裝的評量與課程指引作為設計 ABA 介入的唯一工具可能會過於狹隘，且也可能無法完全處理兒童與其家庭的需求。相反的，服務提供者可以用 ABA 的七個向度來進行評估、設定目標、設計介入與監控進展，以滿足所服務的兒童與其家庭的獨特且不同的需求。

本章總結

　　本章提供 ABA 的概述，討論專為 ASD 兒童設計的幾個常見的 ABA 教學方法，並討論可以如何應用 ABA 於自然情境中以處理 ASD 或其他障礙類別幼兒的獨特需求作為總結。本書藉由討論選擇目標（**應用性**）、撰寫短期目標（**行為性**）、蒐集基線期與介入期數據（**分析性**）、發展清楚與明確的教學程序並使用以實證為基礎的行為策略（**概念性**與**技術性**）、分析數據作為教學決策使用（**有效性**），以及確保兒童學會如何在不同環境與情境中應用能力（**類化性**）等方式，來提供服務提供者一個在自然情境中實施 ABA 的方法。接下來的章節將會為你指引在自然情境中與照顧者及其他專業人員合作計劃與執行 ABA 介入的評估、目標設定與介入等階段。

自然情境中規劃 ABA 介入之評估

本章將說明執行評估的步驟及內容，以達到在自然情境中使用 ABA 介入之具意義性的目標選擇，同時提供許多評估工具給學習者重製或使用。本章開始先從一位名叫安德魯的小男孩和他的家庭之背景出發，這個故事將作為呈現評估、設定目標、介入策略、數據紀錄表單以及合作活動之範本。

◯ 安德魯的背景

安德魯是一位兩歲半的小男孩，家中成員包括爸爸、媽媽以及四歲的姊姊。他對於字母和字詞很有興趣，喜歡玩 3C 產品，像是 i-Pod 或 i-Pad，他也很愛他的家人。他會主動參與一些運動活動，像是體育課、戶外遊戲、捉迷藏和跳彈跳床。安德魯在 23 個月大時被診斷為自閉症，並開始接受 ABA 介入。在剛開始介入的時期，安德魯並未發展出口語能力，其分享式注意力也非常有限，無法自己進食，幾乎不知道如何玩玩具，看起來似乎比較喜歡自己一個人獨處。媽媽（珍妮佛）是 ABA 的主要服務提供者，她和行為分析師一起工作，學習如何在家庭的日常作息中執行 ABA 介入。經過長達七個月的 ABA 介入之後，安德魯已經開始使用口語的方式說話，也可以玩適合其年齡的玩具，能發起分享式注意力、回應他人的發起及保有分享式注意

力，能說出一些廣泛的接收性字彙，能模仿大人和同儕，並且可以自己進食。最近他開始進入社區幼兒園就讀，希望可以讓他累積更多的社交經驗。

 ## 自然情境中規劃 ABA 介入之評估概述

當你聽到「評估」（assessment）這個詞，或許會想到標準化測驗、篩檢工具、發展性檢核表和其他正式的評量工具。早期療育團隊會為 ASD 幼兒選擇一些正式評估工具用以判斷提供服務的合法性，藉由評估工具取得關於幼兒的一般表現程度資訊，以協助設定目標。早期療育團隊可能會使用常模參照評估工具，像是魏氏幼兒智力量表（Wechsler Preschool and Primary Scale of Intelligence, WPSSI; Wechsler, 2002）、貝利嬰幼兒發展量表（Bayley Scales of Infant and Toddler Development, Third Edition, Bayley-III; Bayley, 2005）、文蘭適應行為量表（Vineland Adaptive Behavior Scales-II, VABS-II; Sparrow, Cicchetti, & Balla, 2005）、幼兒成就測驗（Young Children's Achievement Test, YCAT; Hresko, Peak, Herron, & Bridges, 2000）、社交溝通問卷（Social Communication Questionnaire, SCQ; Rutter, Bailey, & Lord, 2003）以及社交反應量表（Social Responsiveness Scale, SRS; Constantino & Gruber, 2005）。此外，也可能會選擇使用一些效標參照評估工具，像是博利根早期發展量表第二版（Brigance Inventory of Early Development II, IED II; Brigance, 2004）、基礎語言與學習技能評量—修訂版（ABLLS-R; Partington, 2007）以及語言行為里程碑評量與安置方案（VB-MAPP; Sundberg, 2008）。

雖然透過正式評估工具可以知道兒童的優勢及需求等相關資訊，但是要發展出可以在自然情境中實施之特定的 ABA 介入還需要更多非正式的評估，以確保所選擇的目標是發展適切的、具意義性、基於照顧者的優先考量

或是特定背景。當規劃介入時，非正式評估主要有五個目的：

1. 確認兒童的優勢和興趣。
2. 確認兒童在溝通能力、社交互動能力、獨立遊戲能力、生活自理能力及／或認知能力等領域的現況能力。
3. 確認是否有任何挑戰性行為發生，是何種挑戰性行為以及這些挑戰性行為的功能。
4. 評估照顧者對於每一個領域的優先考量。
5. 評估兒童在日常作息中的參與情形。

透過照顧者和專業人員合作方能蒐集相關資訊，蒐集方法包含和主要照顧者的訪談、直接觀察並和兒童互動、使用功能性行為評估以及生態評估。基本上，在規劃自然情境中的 ABA 介入時，主導評估過程的專業人員是應用行為分析師或具有行為分析背景的特殊教育人員。在適當的時候，團隊中的其他專業人員也可以包括語言治療師、職能治療師或是醫學專業人員。根據兒童的年齡以及 ABA 介入是由早期療育方案、學區或是獨立的服務人員提供，個別兒童也許有一份個別化家庭服務計畫（IFSP）或一份個別化教育計畫（individualized education plan, IEP），也可能是單純接受 ABA 介入方案。如果兒童有一個個別化家庭服務計畫或個別化教育計畫的團隊，在本章所討論的評估程序就可以用來設定個別化家庭服務計畫或個別化教育計畫的目標。

優勢與興趣的評估

評估程序應該從找出兒童優勢和興趣開始，原因如下：第一，因為它建構了早期療育中使用優勢本位方法的架構。許多時候，專業人員和家長都從兒童的限制開始討論。當面對一位 ASD 或其他障礙類別兒童時，大家會自然的從兒童的限制開始討論，但是這樣做的意義不大。相反的，應該要從「這位兒童會把什麼做得很好」以及「什麼能引發這位兒童的動機」開始討論。

當我們熟悉了這位兒童的優勢和興趣之後，我們就會知道如何善用兒童的優勢和興趣來進行介入。例如，如果我們了解到這位兒童已經認得所有英文字母，然後對書本很有興趣，我們就可以在這個優勢和興趣的基礎上，教導一些更進階的讀寫能力，並著重在提升共享式書本閱讀活動的參與度。

我們知道 ASD 兒童的興趣範圍受限。因此，這就是為什麼評估兒童的興趣非常實用，因為我們可以從這些興趣加以擴展。例如，如果兒童對於湯瑪士小火車（Thomas the Tank Engine™）非常著迷，便可以讓兒童接觸關於湯瑪士小火車的書本、電影和玩具，進而將興趣建立在這類物品上，即使最後這類物品不再與湯瑪士小火車有關。另一個方法是使用對湯瑪士小火車的興趣，來讓兒童接觸真的火車或其他不同形式的交通工具。

我們想要運用兒童的優勢和興趣來增加日常作息的主動參與度，並希望能促進學習和發展。舉例來說，如果照顧者想要增加孩子在洗澡時間的主動參與，而我們知道這位孩子對於字母辨識很擅長，就可以把泡棉字母放在澡盆裡面，藉著讓孩子指出或拿起特定的泡棉字母給手足或照顧者，從中製造出往復互動的機會。

另一個可以利用兒童優勢和興趣的方式，就是當要解決挑戰性行為的時

候，可以運用優勢和興趣。試想一位喜歡音樂的孩子，每當媽媽想要把她放在汽車座椅上時，她都會發脾氣。在把這位孩子放上汽車座椅之前，媽媽可以讓她自己選擇一首喜歡的歌曲。然後，當要把這位孩子放上汽車座椅時，媽媽就可以在車子裡放那首歌。這樣可能會減緩孩子在車子裡的焦慮，且避免發脾氣的情形產生。當然，這並不保證只要將優勢和興趣嵌入到兒童不想要的活動就一定能避免發脾氣或其他挑戰性行為出現。然而，這樣做確實有可能降低挑戰性行為的發生。即使需要使用到更複雜的行為介入方法，兒童的優勢和興趣仍可以盡量利用。

◎ 訪談

圖 3.1 顯示安德魯的訪談紀錄，此評估表格用於訪談主要照顧者以確認兒童的優勢和興趣。在開始訪談之前，務必向照顧者說明訪談將會評估孩子的優勢和興趣，而這些優勢與興趣在設計介入時可以運用。當使用這個表格的時候，首先請照顧者談談孩子的優勢和興趣，並且將照顧者所提供的資訊記錄下來，接著可以使用表格中的其他探索性問題以獲取更多的資訊和細節。表格的問題不需要全部都問一遍，選擇一些可以讓你得到新訊息的提問方法，而不要是透過簡短的問答來獲得資訊。在某些情況下，照顧者可能一開始先討論孩子的限制，而不是優勢和興趣的部分。如果出現那種情況，盡快重新引導照顧者，像是對照顧者說：「我等一下會了解您孩子的現況能力和問題，現在我們先將重點放在討論孩子的優勢和興趣。」當評估聚焦在優勢和興趣時，也會討論到一些關於反感和恐懼的問題。這個問題的目的是要了解兒童是否有覺得反感、恐懼或不舒服的特定人事物。當開始規劃介入時，團隊應該留意這些反感、恐懼或不舒服的特定人事物，之後或許可以選擇去處理那些反感或恐懼的感受，甚至是降低或消除這些感受。例如，如果

團隊發現兒童討厭其他人對著她唱歌，那麼在介入中使用唱歌來訓練肢體動作模仿，可能使效果適得其反。

○ 偏好評估

兒童的優勢和興趣也可以用偏好評估來確認。偏好評估的做法是讓兒童在兩個或多個選擇中做決定，有助於確認潛在的增強物、活動或情境（Layer, Hanley, Heal, & Tiger, 2008）。例如，如果目標是確認兒童喜歡什麼零食，可以系統化的提供選擇，並且記錄兒童的選擇。像是提供爆米花和巧克力，然後請兒童指出他要選擇的東西。如果這位兒童選擇了爆米花，接著提供爆米花和蘇打餅乾讓他再選擇一次。這種偏好評估最好是在數天的課程中執行，方可精準確認兒童真正的偏好。呈現選項的方法可能要依據兒童做選擇的能力進行調整。如果兒童能用手指出所呈現的兩種物品，那麼我們就可以要求兒童用手指指出。然而，如果這位兒童還不知道如何以用手指出的方式做出選擇，那就將兩個物品靠近兒童，讓兒童以抓取的動作來做出選擇。遊戲偏好的評估也是一樣，可以呈現不同的玩具，像是拼圖、玩具車、積木或是球。運動活動偏好的評估也可以使用相同的程序，活動的選項可以是跳彈跳床、盪鞦韆、游泳、玩自動灑水器、溜滑梯或是攀爬。當然，偏好會隨著時間而變化，如果兒童看起來已經發展出不同的偏好，那麼就需要再進行一次評估。圖 3.2 提供一個進行偏好評估的紀錄表範本。

｜優勢與興趣評估：照顧者訪談｜ (1之2頁)

日期	兒童姓名	訪談者	受訪人
1／5	安德魯	蘭曲	珍妮佛（母親）

開放性說明	照顧者回應
請說說您孩子的優點和興趣。	他喜歡玩玩具和運動活動。

其他探索性的問題	照顧者回應
什麼能讓您的孩子開心？	去操場玩，玩追逐遊戲，引起注意，玩躲迷藏。
您的孩子喜歡怎麼消磨時間？	先自己玩一下，然後在沙發上跳或者繞著沙發跑。
您的孩子最喜歡哪些玩具或活動？	拼圖，積木，形狀排列，火車組合，樂高積木，吹泡泡，唱歌（公車的輪子轉啊轉，頭兒肩膀膝腳趾），和他姊姊一起在她的公主城堡裡玩，堆疊杯子等。
您的孩子在哪些地方表現優異？	問題解決
您的孩子讓您覺得驕傲的地方？	他非常聰明，可以想到怎樣才能夠得到自己想要的東西。

圖 3.1　優勢與興趣評估：照顧者訪談範本（空白表格詳見附錄 G）

優勢與興趣評估：照顧者訪談（2之2頁）

其他探索性的問題	照顧者回應
您的孩子喜歡和誰一起消磨時間？	媽媽，姊姊，爸爸
在一天中，您的孩子最喜歡哪個時段？	他起床後的早上，出門的時候，吃過晚飯以後，洗澡時間以及睡前。
什麼能夠讓您的孩子保持注意力？	他可以花一些時間坐在那裡拼拼圖、玩積木或者任何可以疊高的東西。
您的孩子最喜歡什麼地點？	操場
您的孩子永遠都不會放棄哪樣東西？	
您的孩子最喜歡的零食、餐點和飲料是什麼？	泰迪熊餅乾，果汁，水，優格
反感和恐懼評估	照顧者回應
您的孩子是否有任何強烈的反感或恐懼？	沒有

圖 3.1　優勢與興趣評估：照顧者訪談範本（續）

｜偏好評估｜

兒童姓名：＿＿＿＿＿＿＿＿＿＿＿＿＿＿＿＿＿＿＿

日期／活動	選項 1	選項 2	選擇

圖 3.2　偏好評估紀錄表

現況能力的評估

在優勢和興趣之後，接著要評估的是兒童的現況能力（present level of performance），包括溝通能力、社交互動能力、獨立遊戲能力、生活自理能力及／或認知能力。只要針對將來介入的目標領域進行評估；有些照顧者會選擇針對所有的領域進行介入，而有些照顧者則只選擇一個或兩個領域。對照顧者而言，建議可以先選擇一個領域開始介入，之後當他們在日常作息中執行介入的適應狀況逐漸提升時，就可以依狀況慢慢增加更多的領域。

現況能力包含兒童現階段在每一個領域的能力情形，了解是否可獨立完成、只需要一點協助即可完成或需要較多支持方可完成等程度。不需要去評量兒童尚未發展的所有能力。相反的，確認這位兒童目前可以獨立完成和需要協助才可以完成的事，有助於決定介入的優先考量和設定目標。透過訪談照顧者、直接觀察以及與兒童的互動可以蒐集到有關兒童現況能力的資訊。蒐集資訊的最好方式是從訪談照顧者開始，然後直接觀察在自然情境中與兒童互動的表現，如此一來才可以發現一些在訪談過程中無法蒐集到的其他資訊。例如，有時候當你問照顧者她的孩子有沒有表現出某項能力，照顧者會說：「我也不確定。」或者「我想有吧！」若有這種情形發生，以直接觀察並與兒童互動的方式來評估那些能力。即使照顧者能夠回答她的孩子具備某項能力，建議仍需要直接觀察並與兒童互動以評估這位兒童是否能在不同的環境和情形中表現出該項能力。直接的觀察和互動也可以與訪談中所獲得的訊息互相對照。

訪談最好是採用面對面的方式。然而，有時候會因為時間的限制以及照顧者必須同時照顧小孩的關係無法完善地進行；或是孩子會需要及吸引照顧者的注意，所以時間較長的訪談會帶給照顧者非常大的壓力。因此，先以電子郵件的方式將評估表格寄給照顧者，然後給照顧者約一個星期的時間填寫

表格內容，對於後續的訪談較有益處。收到照顧者回寄的表格時，以電話聯繫的方式針對有疑問的回答做必要的釐清。如此一來，當與兒童和照顧者進行面對面討論時，就能夠更有效率的訪談照顧者，而有較充足的時間直接觀察兒童的現況能力。

○ 溝通能力

　　許多能力都可以成為溝通評估的一部分。多數人想到的溝通都是口語的，但是在評估兒童現階段所具備的溝通能力和程度，光評量口語能力是不夠的（Rogers & Dawson, 2010）。重要的是要同時評估兒童使用口語溝通和非口語溝通的能力，像是手勢、眼神接觸、臉部表情和肢體語言。兒童的表達性語言能力和接收性語言能力（使用語言表達和了解語言）也必須要考慮在內。也就是說，當團隊評估溝通能力以規劃在自然情境中的 ABA 介入時，他們應該要考慮廣泛的功能性能力，像是這位兒童表達想要和需求的能力、遵守指令、引起注意、尋求幫助、分享樂趣、分享情緒、回答和詢問問題、回應和先表達評語、參與對話，以及發起社交互動。

　　語言治療師有正式的評估工具也許可以用來蒐集兒童目前溝通能力的表現。一些有用的非正式評估工具也可以在下列的書籍中找到：《丹佛早療模式：促進自閉症幼兒的語言、學習及參與能力》（*Early Start Denver Model for Young Children with Autism: Promoting Language, Learning, and Engagement*; Rogers & Dawson, 2010）、《SCERTS®模式：自閉症兒童整合式教育介入模式》（*The SCERTS® Model: A Comprehensive Educational Approach for Children with Autism Spectrum Disorders*; Prizant, Wetherby, Rubin, Laurent, & Rydell, 2006）、《做‧看‧聽‧說：自閉症兒童社會與溝通技能介入手冊》（*Do-Watch-Listen-Say: Social and Communication Intervention for Children with Autism*; Quill, 2000）。圖 3.3 提供了一個非

正式評估工具呈現安德魯在溝通上的現況能力程度作為範本。紀錄表格中有一欄是用來記錄訪談的資訊，另一欄則是用來記錄直接觀察的資訊。因為在第一次評估時，安德魯還沒有口語，因此並沒有訪談關於口語能力的問題。

○ 社交互動能力

既然所有的溝通能力都需要社交互動的能力，在規劃 ABA 介入時，評估社交互動能力也是很重要的。社交互動能力可以從兩方面來看：(1) 當個體和他人要發展有意義的關係時，所必須具備的能力；(2) 兒童需要學習以避免社交上的失敗和被拒絕的特定能力。因為 ASD 兒童在分享式注意力和社交互動技能有損傷（請參閱第 1 章），所以社交互動能力的損傷也就會越來越多。所以，在早期療育中，必須密集並一致的強調分享式注意力和社交互動技能是相當重要的。圖 3.4 呈現安德魯在分享式注意力和社交互動技能之現況能力的評估結果。如同溝通能力評估工具，紀錄表格包括一欄用來記錄透過訪談所蒐集到的資訊和另一欄用來記錄透過直接觀察所蒐集到的資訊。

除了評估分享式注意力和社交互動技能之外，評估兒童在特定社交能力的現況能力也很重要，因為這些特定能力會影響社會接納度。圖 3.5 呈現安德魯在社交能力的評估結果。所選用的工具使用獨立性程度評分系統（level of independence rating system），這表示評估者在評估每項能力時，都要指出這位兒童是否需要最多提示、中度提示、最少提示，或是能夠獨立表現該項能力。

其他非正式評估工具可以參考前述於評估溝通能力介紹的那些書籍。此外，《建立社會關係及互動技巧：教導自閉症及其他有社交困難之兒童與青少年》（*Building Social Relationships: A Systematic Approach to Teaching Social Interaction Skills to Children and Adolescents with Autism Spectrum Disorders and other Social Difficulties*; Bellini, 2006）一書中，也提供了一個評估社交互動的工具。

| 溝通能力評估 |

（1之3頁）

兒童姓名： <u>安德魯</u>　受訪的照顧者： <u>珍妮佛（母親）</u>　日期： <u>1/5</u>

問題	訪談中蒐集之資訊	直接觀察中蒐集之資訊
您的孩子如何表達想要的東西和需求（例如：用抓的、用拉的、用推的、哭鬧／啼哭、指出、直接拿、眼神接觸、臉部表情、聲音和文字）？	用抓的，拉的，推的，啼哭的，直接拿，眼神接觸，聲音。 他餓的時候如果看我在準備食物，他就會在自己的椅子上坐好。 如果他姊姊有他想要的東西，他會想辦法拿過來。如果她不給他，他會開始一直啼哭。很多次他趁著她不注意的時候把東西拿走。 如果他看到計泡器上的泡泡，他會伸出手想要碰。 如果他想要別人抱抱，他會把自己的手臂舉高。	用抓的，哭鬧的
您的孩子如何表達挫折或憤怒（例如：哭叫、打人、吐口水、走開、眼神接觸、聲音和文字）？	哭鬧。 如果是因為他姊姊讓他覺得挫折，他就會推她。 沒有看過他打人。	哭鬧，逃避應該要做的事

圖 3.3　溝通能力評估範本（空白表格詳見附錄 G）

溝通能力評估（2之3頁）

問題	訪談中蒐集之資訊	直接觀察中蒐集之資訊
您的孩子如何引起您的注意（例如：哭鬧、啼哭、找您、爬到您身上、發出聲音、說某些字、眼神接觸和使用臉部表情）？	爬到我身上，哭鬧，啼哭	
您的孩子可以遵守哪種指令（例如：單一步驟簡單動作、單一步驟複雜動作、二步驟簡單動作、二步驟複雜動作、多重步驟）？	單一步驟簡單動作，或許二步驟簡單動作的指令也可以。	在遊戲過程中，安德魯需要提示才能遵循大部分單一步驟簡單動作的指令。但是，當這些指令是屬於自然發生的作息時，他可以遵循大部分指令，而且做得很好。
您的孩子會發出哪種咿呀咿呀的聲音？	噠、嘎、吧、嚇、啊—、嗯—、嘿—	
描述您孩子的模仿言語表達能力（例如：聲音、字詞、短語、句子）。	當我們玩搔癢遊戲時，他可以摸仿我們發出的聲音。	在評估過程中，無法摸仿聲音或字詞。
您的孩子能藉由指出、觸摸、給予或拿到什麼物品來進行接收性指認（例如：書、物件、閃卡、拼圖等等）？	沒有	沒有
您的孩子不想要某件東西時會怎麼表示（例如：搖頭、走開、哭、說不）？	走開，推開東西，有時候會搖頭	哭鬧或是走開

圖 3.3　溝通能力評估範本（續）

溝通能力評估（3 之 3 頁）

問題	訪談中蒐集之資訊	直接觀察中蒐集之資訊
您的孩子會如何回答「你想要_____？」這個問題（例如：拿起該物、走開、哭、點頭、搖頭、說好／不）？	把他要的東西拿起來。如果有兩個選擇，他就會拿自己想要的。	用抓的
您的孩子如何讓您知道他喜歡某事物（例如：微笑、用手指出、點頭、展示、眼神接觸、聲音和文字）？	如果他喜歡某樣東西，他就會微笑並且看著我。	微笑並且眼神注視
您的孩子如何與同儕溝通以發起社交互動（例如：眼神接觸、臉部表情、肢體語言、靠近、手勢、聲音和文字）？	有時候他會觀察別的兒童在做什麼。	

圖 3.3　溝通能力評估範本（續）

| 社交互動能力評估 |

(1之2頁)

兒童姓名：__安德魯__　受訪的照顧者：__珍妮佛（母親）__　日期：__1/5__

請描述您的孩子能夠……	訪談中蒐集之資訊	直接觀察中蒐集之資訊
讓其他人一起遊戲 1. 在喜愛的活動，讓一位成人或同儕與兒童進行平行遊戲 2. 在喜愛的活動，讓兩位以上的同儕加入平行遊戲	他讓我在他旁邊玩，但我通常會嘗試和他玩，他看起來這方面沒有問題。例如，當他在玩拼圖的時候，我也會過來開始和他一起玩拼圖。他會讓我一起玩。	在評估過程中，安德魯真的會讓媽媽和他一起玩，但是當我要參與遊戲時，他就哭了。
回應他人的分享式注意力 1. 在口語的要求下，能夠回應手指方向並注視 2. 能回應口頭要求並注視某物、事、人 3. 回應非口語的遊戲發起 4. 回應口語的遊戲發起 5. 轉頭回應成人或同儕的要求	如果我喊他的名字，他會轉過頭看我，大概有90%的時候都可以做到。我不確定如果我只說「看」，他會不會看我。	如果叫安德魯看某一焦點時，他沒有反應。當我說：「安德魯，想不想和我一起玩拼圖？」他沒有回應。他在玩的時候，要用最多提示才會轉頭。
在各種活動中都能保有分享式注意力 1. 模仿他人的行為 2. 在持續進行的活動中，回應要求或指令 3. 在持續進行的活動中，回答問題 4. 在持續進行的活動中，回應評語	安德魯在玩某些遊戲時，會與同儕進行往復互動（例如：堆積木，追逐等）。 如果我告訴他該換尿布了，他就會跑走。因為他知道他會被我追著滿屋子跑。他喜歡我在廚房裡追著他跑。	當他和媽媽玩的時候，安德魯可以遵循一些簡單的指令（例如：把球放到上面）。 當他和媽媽玩玩具的時候，他會花1到2分鐘特別玩一個玩具。 安德魯在玩遊戲的時候需要最多提示才會摸仿

圖 3.4　社交互動能力評估範本（空白表格詳見附錄 G）

社交互動能力評估（2 之 2 頁）

請描述您的孩子能夠……	訪談中蒐集之資訊	直接觀察中蒐集之資訊
5. 在持續進行的活動中，提出請求或給予指導 6. 在持續進行的活動中做出評語 7. 在持續進行的活動中提出問題 8. 在持續進行的活動中，提供玩具或材料給同儕或成人 9. 在一段特定時間保有分享式注意力 10.在一段特定時間進行多次互惠的互動	他洗完澡以後，他會進他的房間，然後偷看外面並發出聲音。接著我們就會一起玩偷看的遊戲。	他人的動作。
發起分享式注意力 1. 在遊戲中模仿同儕或成人 2. 要求輪流，但輪流時還是緊待在身邊 3. 指出某件事物並以眼神接觸來分享資訊／愉悅 4. 做出評語來分享資訊／愉悅 5. 詢問在環境中的某事物 6. 加入同儕正在進行的遊戲作為遊戲發起 7. 以口語請求作為遊戲發起	他會給我玩具。 當他玩軌道玩具時，他會給我小鋼珠讓我放進軌道裡。 如果他姊姊開始到處跑時，他就會跟著跑。 當他爸爸或我回家時，他會跑向我們，擁抱我們。	當他和媽媽一起玩的時候，他的確好幾次抬頭向他媽媽微笑。 在評估過程中，我讓他姊姊拿著他曾經玩過的玩具在他身邊玩，評估他是否會學他姊姊的動作。他需要最多提示才會模仿他的姊姊。

圖 3.4　社交互動能力評估範本（續）

社交能力評估

(1之2頁)

兒童姓名：<u>安德魯</u>　受訪的照顧者：<u>珍妮佛（母親）</u>　日期：<u>1/5</u>

能力	獨立完成	最少提示	中度提示	最多提示
在平行遊戲時分享材料		∨		
在共同遊戲時分享材料			∨	
輪到他時會做出回應			∨	
和他人輪流				∨
輪流等待期間能保有注意力				∨
協助他人				∨
接受他人協助	∨			
同理他人的感覺			∨	
使用適當的音量	∨			
與社交夥伴保持適當的空間	∨			
回應他人的問候				∨
跟人打招呼				∨
與他人互動時使用適當的眼神接觸			∨	
讚美他人				∨
正向接受讚美	∨			
對他人的臉部表情有適當回應			∨	
對他人的肢體語言有適當回應			∨	

圖 3.5　社交能力評估範本（空白表格詳見附錄 G）

能力	獨立完成	最少提示	中度提示	最多提示
當有人擋住去路時做出適當回應				∨
其他：				
其他：				
其他：				
其他：				

圖 3.5 社交能力評估範本（續）

○ 獨立遊戲能力

　　評估兒童的獨立遊戲能力是很重要的，因為可以確認這位兒童是否可以獨立而且適當進行遊戲的程度。影響兒童獨立遊戲能力的因素有很多，例如參與的能力、精細和粗大動作能力、認知能力、興趣和動機，以及情緒調整的能力。要評估獨立遊戲能力，需要確認兒童在不需支持的情況下可以參與的各種不同的遊戲活動、兒童可以進行獨立遊戲的時間長度，以及兒童是否可以在獨立遊戲活動時用適當的方式玩玩具。有些兒童可以獨立玩很長的時間，但是只玩固定的一種或兩種玩具，或者只用某種固定的玩法；有些兒童雖然可以獨立玩很多種的玩具，但是只能維持很短的時間。圖 3.6 提供的評估工具可以蒐集到兒童獨立遊戲能力的相關資訊，以下是安德魯的評估結果。

│獨立遊戲能力評估│

兒童姓名：__安德魯__　受訪的照顧者：__珍妮佛（母親）__　日期：__1/5__

題目	照顧者回應	直接觀察
1. 請列出您的孩子在獨立遊戲時，能夠進行的各種活動。	拼圖，在沙發上跳，到處跑，形狀分類，火車，積木，疊杯	火車，形狀分類，到處跑
2. 在沒有成人的協助下，您的孩子能夠獨立遊戲的時間大約多久？	有時候他可以獨立遊戲大概 15 分鐘。但是如果他覺得挫折的時候，就會尖叫然後需要找的幫助。	在評估的過程中，安德魯會自己玩他媽媽列出的玩具大概 1 分鐘的時間，並且不需要幫助。
3. 請描述在您的孩子在獨立遊戲時，所出現的固著行為或不當行為。	當他到處跑時，他似乎看著自己的腳可以得到一些視覺上的刺激。他通常會繞圈圈跑。	安德魯通常會使用重複的玩法（例如：在玩火車的時候會全程用完全相同的玩法）。

圖 3.6　獨立遊戲能力評估的範本（空白表格詳見附錄 G）

○ 生活自理能力

　　生活自理能力是另外一項需要評估的能力，尤其是在規劃 ABA 介入的時候。通常身心障礙兒童與成人會依賴別人來照顧他們的日常需求，為了在幼年增加他們自我決策的能力，提升他們在生活自理能力中的獨立性是相當重要的，像是刷牙、洗澡、洗手、梳頭髮、進食、喝水、穿衣服與上廁所。照顧者也許沒有辦法不斷為學齡前孩子提升在這些能力上的獨立性，因此，透過評估可能會發現原因是出在日常生活中練習機會的不足，而不是孩子沒有能力。圖 3.7 可以看到安德魯在生活自理能力評估的結果。如同社交能力評估，此處亦採用了獨立性程度的評分標準。

○ 認知能力

　　另一個在規劃 ABA 介入時需要評估的是認知領域的能力。這個領域是照顧者最熟悉的領域，而且也是他們對孩子提供介入時最得心應手的領域。認知領域包含問題解決、字彙、讀寫以及數學能力。圖 3.8 提供一個可以用來評估認知能力的非正式評估工具。這些列在評估工具中的能力可以評量幼兒、小班到大班的階段。安德魯並沒有進行這個認知評估，因為他當時沒有口語能力，且只有 23 個月大，還無法使用表達性溝通來傳達已經知道的事物。然而，經過了七個月的 ABA 介入之後，如果照顧者想要處理認知領域的能力的話，兩歲半的安德魯已經可以進行認知能力的評估了。

| 生活自理能力評估 |

兒童姓名：<u>安德魯</u>　受訪的照顧者：<u>珍妮佛（母親）</u>　日期：<u>1/5</u>

能力	獨立完成	最少提示	中度提示	最多提示	無機會
吃適合手抓的食物	✓				
用叉子吃東西				✓	
用湯匙吃東西			✓		
用吸管喝飲料	✓				
用杯子喝飲料	✓				
洗手			✓		
洗臉			✓		
刷牙				✓	
梳頭髮				✓	
上廁所					✓
洗澡					✓
洗頭髮					✓
穿衣服				✓	
脫衣服			✓		
其他：洗完澡會自己擦乾身體	✓				
其他：會在自己的兒童餐椅上吃東西	✓				
其他：會自己坐進車子裡	✓				

圖 3.7　生活自理能力評估範本（空白表格詳見附錄 G）

| 認知能力評估 |

兒童姓名：＿＿＿＿＿ 受訪的照顧者：＿＿＿＿＿＿ 日期：＿＿＿＿

問題解決能力	精熟	接近精熟	發展中	沒有教過	備註
玩形狀配對玩具					
玩套圈圈					
玩疊套杯					
完成木製拼圖					
完成 24 片拼圖					
用積木或其他操作式玩具創造出結構					
配對物件、形狀、顏色					
分類物件、顏色、形狀					

圖 3.8 認知能力評估紀錄表（空白表格詳見附錄 G）

認知能力評估（2之5頁）

字彙	精熟	接近精熟	發展中	沒有教過	備註
接收性辨識（指認）一般物件（立體／平面；從2個、3個或更多當中辨識）					
表達性辨識（命名）一般物件（立體／平面）					
接收性辨識（指認）身體部位					
表達性辨識（命名）身體部位					
接收性辨識（指認）動詞（從2個、3個或更多當中辨識）					
表達性辨識（命名）動詞					
接收性辨識（指認）顏色（從2個、3個或更多當中辨識）					
表達性辨識（命名）顏色					
接收性辨識（指認）形狀（從2個、3個或更多當中辨識）					
表達性辨識（命名）形狀					

圖 3.8　認知能力評估紀錄表（續）

認知能力評估（3 之 5 頁）

讀寫能力	精熟	接近精熟	發展中	沒有教過	備註
背誦字母					
配對字母（大寫、小寫、大小寫混合）					
接收性辨識（指認）大寫字母（從 2 個、3 個或更多當中辨識）					
表達性辨識（命名）大寫字母					
接收性辨識（指認）小寫字母（從 2 個、3 個或更多當中辨識）					
表達性辨識（命名）小寫字母					
把書拿正，一頁一頁從頭到尾獨立閱讀					
用食指從左到右指著書本裡的字展示內容					
當他人閱讀時認真聽					

圖 3.8　認知能力評估紀錄表（續）

讀寫能力	精熟	接近精熟	發展中	沒有教過	備註
回應關於書中圖片的問題或評論					
看圖說故事					
聽完故事後可以重述故事					
只看封面和／或聽到書名就可以猜測這是本什麼樣的書					
轉述一個故事					
在說故事期間和之後回答關於故事的內容問題					
在說故事期間和之後回答關於故事的延伸問題					
流暢閱讀（大班／小一的程度）					

圖 3.8　認知能力評估紀錄表（續）

認知能力評估（5之5頁）

數學能力	精熟	接近精熟	發展中	沒有教過	備註
默數到 10					
默數到 20					
會對應數字					
接收性辨識（指認）0 到 10（從 2 個、3 個或更多當中辨識）					
表達性辨識（命名）0 到 10					
接收性辨識（指認）11 到 20（從 2 個、3 個或更多當中辨識）					
表達性辨識（命名）11 到 20					
一對一對應點數 1 到 10					
一對一對應點數 1 到 20					
會對應物件的數量和數字（物件和圖片）					
分辨多和少					
分辨全部、一些和沒有					
把數字按照順序排列					
透過操作完成一位數加一位數					

圖 3.8　認知能力評估紀錄表（續）

挑戰性行為的評估

欲確定是否要評估挑戰性行為，首先要與照顧者詢問孩子是否有出現任何挑戰性行為？如果照顧者表示挑戰性行為是他們很在乎的一個問題，那麼就需要進一步評估及了解。當評估幼兒的挑戰性行為時，先了解有哪些挑戰性行為正在發生，更重要的是要確認這些挑戰性行為的目的或功能。了解行為發生的功能是很重要的，因為一旦知道行為功能就能夠教導兒童適當的替代行為，所選擇的替代性行為應與挑戰性行為有相同的功能。所有挑戰性行為的發生都是有原因的，行為不會「無緣無故」的發生。基本上，當有照顧者指出挑戰性行為是無緣無故發生時，則表示這些行為常常發生並且發生的原因可能不只一種。

ASD 和其他障礙類別幼兒也許會因為許多不同的理由而表現出挑戰性行為。如果他們缺乏適當的口語及非口語溝通能力，他們也許就會表現出挑戰性行為來獲得他們想要的或避免／逃離他們不想要的。如果他們缺乏社交互動技巧，他們也許會在社交場合中表現出挑戰性行為來處理他們的焦慮感。ASD 兒童通常會感到害怕和焦慮，也許會因為他們情緒管理的困難而表現出挑戰性行為來引導那些焦慮。例如，如果一位 ASD 孩子有固定的行為模式，當家長改變了開車到賣場的路線，換走一條新的路線，孩子會變得害怕和焦慮。挑戰性行為也會被生理上的疼痛或不舒服所引發，如果一位孩子有胃痛，但是無法有效和照顧者溝通，結果就可能會出現挑戰性行為。照顧者可能會把 ASD 孩子的一些固著行為當成挑戰性行為，這些固著行為包含用聲音刺激，像是大聲叫著某種聲音、字詞、短語或句子；視覺刺激，像是死盯著吸引他視線的某樣東西；生理刺激，像是一直繞圈圈跑；感官刺激，像是喜歡聞別人的頭髮，還有很多諸如此類的行為。關鍵在於了解到這

些行為對於孩子是有目的的，可能是因為自我刺激或是情緒調節。

如前所述，兒童的某些挑戰性行為可能同時代表多種功能。例如，一位兒童可能會因為不想要洗澡、表示肚子餓，以及調適進入新環境而害怕的情緒而哭；兒童也可能會出現不同的挑戰性行為來代表某一功能。例如，一位兒童因為感官不舒服要逃避洗澡，而採取尖叫、打人或者是跑走。

為了有效確認一個挑戰性行為的功能，通常需要進行功能性行為評估（functional behavior assessment, FBA）。評估時，基本上要從照顧者的訪談開始。訪談的目的是希望能明確知道某一行為最常或最少發生的時間和地點；和誰在一起的時候，該行為出現得最常／最少？該行為出現前和出現後通常發生什麼事？照顧者認為該行為發生的功能會是什麼？訪談完照顧者之後，評估人員就可以進行直接觀察且搭配使用散佈圖（scatter plots）以及 A-B-C 資料蒐集，以確認訪談資訊以及其他資訊。散佈圖可以呈現行為最常和最少發生的時間和地點。A-B-C 資料則是可以檢視行為發生之前的前事（A）、目標行為（B），以及行為發生之後的後果（C）。換言之，觀察者可以檢視目標行為出現前和出現後立即發生的事情，以得到關於這個行為功能的資訊。最後，所有數據都需要進行三角驗證以形成這個行為功能的假設。理想的狀態下，接著再進一步進行功能性行為分析，然後透過對變項的操作，實際在其環境中測試。然而，這通常需要由接受過 ABA 訓練的專業人員才能執行這種分析。

一旦這個挑戰性行為功能的假設確認了（可能是以功能性行為分析確認的），就可以設計行為介入計畫（behavior intervention plan, BIP）。行為介入計畫（BIP）包含與挑戰性行為具有相同功能的替代性行為，以及可以教導這個替代性行為的策略方法，而且也要包含環境中需要做出的任何改變（例如：降低噪音、設計一個視覺作息表、清楚定義遊戲的空間）和其他人需要

做的行為改變（例如：照顧者要避免對挑戰性行為做正增強；手足可以對適當的行為做正增強；同儕對這位兒童做出遊戲發起）。想要知道更多關於功能性行為評估（FBA）的過程，可以參考有效的合作實踐中心（the Center for Effective and Collaborative Practice）提供的資訊，網址是 http://cecp.air.org/。如果要取得對身心障礙幼兒之功能性行為評估的相關資訊，也可以參考早期社交和情緒基礎學習中心（the Center on the Social and Emotional Foundations for Early Learning），網址是 http://csefel.vanderbilt.edu/index.html。圖 3.9 提供一個評估挑戰性行為和確認這些行為功能的工具。你可以使用這個工具記錄從功能性行為評估所蒐集到的資訊，或者當你為了 ABA 介入設定行為目標，進行重點式功能性行為評估以蒐集一般性資訊時，也可以拿來使用。安德魯在第一次評估時，挑戰性行為不是他的主要議題，因此並沒有進行此行為評估。

照顧者優先考量的評估

　　評估完兒童的現況能力表現之後，可以詢問照顧者對每個評估領域介入目標的優先考量。在此之前，要先摘要兒童在每個領域中的現況能力。當你在摘要兒童的現況能力時，不要列出所有兒童不會的能力，因為那樣做不到設定發展適切的目標。相反的，強調兒童可以獨立做到的事，還有兒童能在協助下做到的事。下面是安德魯在溝通能力領域現況能力表現的摘要：

　　安德魯基本上會用抓、拉、推、啼哭、直接拿、眼神接觸或發出聲音等方式來溝通他想要和需要的東西。他可以在最多提示下用手指指出特定物品的方式來做出要求。他會用手勢來表示想被抱起來，就是把手臂舉高。如果

他感到挫折，安德魯會用哭鬧的方式來表達。如果想要得到他父母的注意力，安德魯會用哭鬧的、用啼哭的，或爬到他們的膝蓋上。在自然發生的作息中，安德魯能遵守較常出現的單一步驟簡單指令。他需要中度或最多的提示才能遵守不熟悉的單一步驟簡單指令。當安德魯發出咿呀咿呀的聲音時，他會發出「噠」、「嘎」、「嘛」、「啊—」、「嗯—」、「嘿—」等聲音。有時候，在搔癢遊戲時他可以模仿聲音。當他在溝通他不想要某樣東西時，他會走開、推開東西、哭鬧，有時候會搖頭。當詢問他是否想要某樣物品，如果把該樣物品放在安德魯面前時，他會直接拿起。如果他有兩個選擇，他會拿自己想要的那一樣東西。他在最多提示下可以指出他想要的東西。當他參與自己喜歡的事物時，安德魯有時候會和其他人眼神接觸並且微笑。當其他兒童在安德魯附近遊戲時，他有時候會看他們在做什麼。要在使用最多提示協助之下，他可以加入其他兒童一起遊戲。

　　在提供兒童某個領域的現況能力摘要之後，可以對照顧者說：「根據您的孩子現在能做的事，您希望孩子接下來要學些什麼？」當你用這樣的方式評估照顧者對介入目標的優先考量時，能引導他們選擇適合他們孩子的、發展適切的特定領域為優先考量。圖 3.10 提供能蒐集照顧者對於每個評估領域優先考量的工具。照顧者可以在每個領域選擇三個優先項目，但是他們不必一定要提供這麼多個優先項目。如果照顧者提出許多優先考量的項目，最好請他們從這些項目中排列優先順序，我們可以讓他們選出所有項目裡面最優先的五個。圖 3.10 顯示了安德魯的媽媽所分享的優先考量項目。第 4 章將會討論在為 ABA 介入設定目標時，如何使用這些現況能力評估資訊、挑戰性行為評估以及家長優先考量的評估資料。

| 挑戰性行為評估 |

兒童姓名：＿＿＿＿＿＿　　受訪的照顧者：＿＿＿＿＿＿＿　　日期：＿＿＿＿＿

請列出您的孩子通常會出現的挑戰性行為。	
哪些行為是您希望介入的目標？	

針對照顧者想要介入的每一個目標行為，請完成以下資訊：	
問題	照顧者回應
1. 該行為在何時？何地？或者跟誰相處時最常或最少發生？	
2. 該行為發生之前和之後通常發生什麼事？	
3. 您認為您的孩子出現該行為有何功能？	
4. 哪一種適當的替代性行為可以達到同樣功能？	
5. 您的環境可能需要做出哪些改變可以減少挑戰性行為的發生？	
6. 其他人（例如：照顧者、手足和同儕）的行為可能需要做出哪些改變可以減少挑戰性行為的發生？	

圖 3.9　挑戰性行為評估紀錄表

| 照顧者優先考量評估 |

兒童姓名：<u>安德魯</u>　受訪的照顧者：<u>珍妮佛（母親）</u>　日期：<u>1/5</u>

領域	照顧者的優先考量
溝通能力	1. 我想要安德魯學會說話。 2. 我想要安德魯能夠告訴我們他要什麼。 3. 我想要安德魯能夠用尖叫以外的方式尋求協助。
社交互動／社交能力	1. 我想要安德魯和家人及其他小朋友一起遊戲的時候有更多互動。 2. 3.
獨立遊戲能力	1. 不適用。 2. 3.
生活自理能力	1. 我想要安德魯能夠自己用湯匙吃東西。 2. 3.
認知能力	1. 不適用。 2. 3.
挑戰性行為	1. 不適用。 2. 3.

圖 3.10　照顧者優先考量評估範本（空白表格詳見附錄 G）

日常作息的評估

　　一旦 ABA 介入之領域的現況能力表現確認之後，接下來就是評估兒童在日常作息的參與度。如同第 1 章所述，兒童在主動參與日常作息時，學習成效最好。這也同樣適用於 ASD 及其他障礙類別幼兒。然而，在作息中通常需要密集行為介入來增加兒童主動參與的能力。當評估兒童在日常作息的參與度時，首先請照顧者列出目前兒童在家裡，學校和社區中參與的一些作息。在請照顧者列出孩子日常作息之前，必須解釋列出作息的目的是要在介入中加以檢視並運用，表 3.1 呈現一些日常作息的範例。

▶▶ **表 3.1　日常作息與活動範例**

家庭	學校	社區
日常作息（例如：吃飯、洗澡、穿衣服、梳頭髮、上廁所、睡覺時間）	到校及放學等待接送	戶外遊戲和娛樂（例如：公園、操場、海灘、游泳池、電影院、圖書館）
結構式遊戲活動（例如：積木、樂高）	圓圈時間	外出（例如：便利超商、購物中心、郵局、銀行）
拼圖和形狀分類玩具	學習區	到朋友和親戚家裡拜訪
運動遊戲活動（例如：彈跳床、盪鞦韆、追逐、捉迷藏）	點心／午餐時間	在鄰近地區進行戶外活動（例如：騎腳踏車、走路）
音樂活動（例如：唱歌、演奏樂器、跳舞）	休息時間	參加課外活動（例如：跳舞、空手道、體操、游泳）
認知活動（例如：數數、閱讀書籍、字母和數字練習）	小組教學	乘車

　　接下來，請照顧者選擇他們希望進行介入的目標作息。Robin McWilliam
（2010）設計了一個作息本位訪談的程序，可以請照顧者進行每一項作息滿
意程度的評分。這有助於確定哪一項作息出現挑戰性行為而需要進行介入，
還有哪一項作息具有正向的特質及潛在的學習機會而有利於介入。本書所提
供的評估工具（參見圖 3.11）可用來列出兒童的日常作息並評分。這個評分
的設計可以顯示兒童的情緒狀態、與他人互動的情形，以及任何挑戰性行
為。這份資料可以讓早期療育服務提供者確定哪項作息可以引起兒童的動
機，進而找出教導新能力的最佳時機；或是哪項作息可以用在同儕互動的提
升，並教導目前尚未介入的新能力；哪些家庭作息中出現了問題，且可以由
行為介入改善。一旦將作息詳列出來後，照顧者應該要選出哪些作息是希望
優先進行介入的。剛開始照顧者可以選擇一項作息作為介入目標，當執行介
入成效較佳且家庭更有信心時，就能逐漸增加介入目標。圖 3.11 顯示出安
德魯日常作息評估的結果。因為評估時安德魯尚未就學，所以在學校欄位並
未有內容。

│日常作息與活動評估│

兒童姓名： 安德魯　　受訪的照顧者： 珍妮佛（母親）　　日期： 1/5

說明：請列出孩子的日常作息與活動，並從 1～4 的描述選擇一個符合的評分。

1：孩子非常喜歡該作息，且會主動和他人一起參與。

2：在進行該作息時，孩子非常平靜與滿足，但不會主動和他人一起參與。

3：在進行該作息時，孩子出現輕微的挑戰性行為。

4：在進行該作息時，孩子出現嚴重的挑戰性行為。

最後，請圈出您想要介入的目標作息與活動。

家庭		學校		社區	
起床作息	2			健寶園教育中心	2
吃餐點和零食	2			操場	2
洗澡時間	2			坐車	2
玩玩具	2			去朋友家	2
玩追逐遊戲	1				
在後院玩	2				
玩捉迷藏	2				

圖 3.11　日常作息與活動評估範本（空白表格詳見附錄 G）

　　當一個作息或活動被選為介入目標時，接著就應該要進行生態評估。生態評估可以提供環境如何影響兒童表現的資訊，以及協助確認在某些情境下需要具備的能力（Haney & Cavallaro, 1996）。我們可以透過很多種方式進行生態評估，其一是使用工作分析方法確認在自然情境中某種特定作息或活動所需要的所有能力，然後評估兒童是否具備了或者尚未具備這些能力，如果尚未具備的話，就可以依此進行目標設定以增加兒童在特定情境中的參與度（Browder, 1987）。McWilliam 建議進行作息評估時，要確認照顧者在作息中都會做些什麼、這位兒童在作息中都會做些什麼，以及這位兒童在作息中的優勢和需求為何（2010）。本書所提供的生態評估工具，使用下列評估程序：

　　步驟 1：請照顧者描述作息，並說明兒童如何參與作息以及其他人在作息中所做的事。

　　步驟 2：詢問其他探索性的問題並進行直接觀察，以評估兒童的溝通方式、社交互動狀況、獨立性、認知能力表現，以及在作息中出現的挑戰性行為。

　　步驟 3：詢問照顧者以確認要增加兒童主動參與作息之接下來可能的步驟，包含提升兒童的溝通方式、社交互動狀況、獨立性、認知能力表現和正向行為的方法。早期療育服務提供者可以在照顧者能直接給予回應的時候提供其他的建議。

當進行上述三個步驟時，使用圖 3.12 的表格可以記錄所蒐集的資訊。圖 3.12 顯示安德魯在洗澡時間這一個作息所做的生態評估結果。

｜日常作息的生態評估｜

（1之2頁）

兒童姓名：<u>安德魯</u>　作息：<u>　　　　洗澡時間　　　　</u>　日期：<u>1/5</u>

開放性說明	照顧者回應和／或直接觀察得到的資訊
請描述此作息（請思考您的孩子參與此作息的方式，以及此作息中其他人的行為）。	晚餐之後，我會說：「洗澡時間到了。」安德魯就會上樓。他會進去浴室然後大力的甩門。我會敲門，安德魯會抵住門不讓我進去，把這個當成一個小遊戲。最後，他還是會讓我進去。我就會開始放洗澡水，然後，我會幫安德魯脫衣服。我會說：「把手舉高。」他會把他的手舉高讓我可以幫他脫外衣，然後我就會用類似的方式幫他脫剩下的衣物。安德魯接著就進去浴缸和他姊姊一起遊戲並開心大笑。他們會在浴缸裡面玩類似蔬菜的玩具和過濾網，安德魯喜歡用手去接流過過濾網的水。我會幫安德魯洗澡，當他姊姊從浴缸出來以後，安德魯把所有蔬菜玩具放在一個大碗裡洗乾淨，然後把他們玩的所有玩具都給我。他會等我告訴他把塞子拔掉放水，然後他就會照著做。在從浴缸出來之前，他會躲在玻璃後面和我玩另一個小遊戲。然後，他會把手臂舉高讓我可以把他抱出來。

探索性問題	照顧者回應和／或直接觀察得到的資訊	接下來可能的步驟
請描述您的孩子在此作息中的溝通方式。	他會遵從一些簡單的指示。他會把他的手臂抬高來表示他想要我把他抱出浴缸。	他可以在此作息中摸仿聲音。安德魯可以透過讓他姊姊問他一些事情來訓練分享的能力。

圖 3.12　日常作息的生態評估範本（空白表格詳見附錄 G）

日常作息的生態評估（2 之 2 頁）

探索性問題	照顧者回應和／或 直接觀察得到的資訊	接下來可能的步驟
請描述您的孩子在此作息中的社交互動狀況。	他會面帶笑容看著他的姊姊。他不在意他姊姊和他一起玩玩具。	安德魯可以學習在洗澡活動時摸仿他姊姊。安德魯可以在此作息時一起比手勢唱歌。
請描述您的孩子在此作息中的獨立性如何。	他在浴缸裡面玩玩具的時候會笑得很開心。他會自己拔塞子。他會自己用手把水倒入過濾網中。他會自己將玩具洗乾淨。	他可以學習自己脫衣服。他可以學會自己洗澡。
請描述您的孩子在此作息中的認知能力表現。	（沒有回答）	他可以學習辨識身體部位。
您的孩子在此作息中是否出現任何挑戰性行為？	沒有。	不適用

圖 3.12　日常作息的生態評估範本（續）

本章總結

　　本章提供多項評估工具。首先應該要評估兒童的優勢和興趣，接下來，可以進行評估以確認兒童在溝通能力、社交互動能力、獨立遊戲能力、生活自理能力及／或認知能力的現況能力表現。如果挑戰性行為是一個重要的問題，就要評估這些挑戰性行為的功能。不需要一次對所有的領域都進行評估，只針對需要介入的領域進行評估即可。完成每個領域的評估之後，評估照顧者對於介入目標的優先考量是很重要的，因為這樣才能根據他們孩子目前能做到的事決定照顧者希望他們孩子學習的目標。接下來的部分就是要評估兒童的日常作息，以決定哪些作息可以作為介入目標。一旦某些作息被選定了之後，生態評估就會開始進行，以確認兒童在這些作息中的參與程度、獨立性和社交互動的程度，並且決定兒童可能需要學習哪些新的能力以增加他的參與程度。這些新的能力應該要和照顧者在每個評估領域所提出的優先考量做連結。在第 4 章，將可以學習到如何為增加兒童主動參與目標作息的介入設定目標。這些目標針對增加參與度、獨立性以及社交互動方面，並且結合任何在溝通能力、社交互動能力、獨立遊戲能力、生活自理能力、認知能力或是挑戰性行為等領域已經確認之能力。第 5 章包含設計 ABA 介入的程序，以達成那些已經設定好的目標。第 6 章提供了可以用來監控進展的數據蒐集工具。第 7 章提供照顧者與專業人員合作的建議，以確保介入的成功實施。

自然情境中設定 ABA 介入之目標

本章包含以共同合作的團隊方式，使用第 3 章討論之評估所取得的資訊，來為自然情境中之 ABA 介入設定目標的程序。特定領域目標（goal）必須要是可觀察（observable）、可測量（measurable）、發展適切的（developmentally appropriate），且具功能性（functional）；目標還必須包含精熟程度的標準（criteria for mastery），且是正向陳述的（positively stated）。每一個領域的目標都有提供範例。本章亦包含了使用作息本位的生態評估來設定作息目標的方法，所以在介入中會選定目標作息。ABA 活動本位教學矩陣（matrix）是使用活動本位教學（activity-based instruction）來規劃日常作息中的 ABA 介入，能幫助團隊支持照顧者做到系統化的規劃在自然發生之作息中要介入的目標。

 ## 合作性的目標設定

在第 3 章所提及的評估過程，引領早期療育團隊進入一個合作性的目標設定過程。正如照顧者和不同的專業人員都涉入評估的過程中，當在選擇自然情境中之 ABA 介入的目標時，團隊亦能提供資訊。引導評估過程的專業

人員將會藉由檢視兒童於介入時在各領域的現況能力、照顧者所指出的優先考量及兒童目前在日常作息中參與程度相關的資訊等，接著引導選擇目標的過程。

　　個別化家庭服務計畫或個別化教育計畫的目標通常是每年撰寫一次，目的是希望兒童能在一年內精熟目標。但 ABA 介入的目標應該要更為短期，ABA 介入的一個普遍原則是設定的目標應該在三個月或三個月內精熟。ABA 是設計來有意義的改善個體的生活，其運用系統化教學快速帶來改變：廣泛的能力會進行分解，讓團隊能聚焦於兒童在溝通、社交互動、學習及提升獨立性時，所需要的單一能力。頻繁的蒐集數據並一致的監控進展，以便能持續進行教學決定；如果選擇的目標可能在三個月或更少的時間內達到，數據至少應該在介入的數週內就顯示出進步。通常，為了教導兒童所需的能力以精熟個別化家庭服務計畫或個別化教育計畫的目標，目標需要分解成幾個短期目標，就算這些短期目標並未包含在個別化家庭服務計畫或個別化教育計畫中。這些短期目標可以是在自然情境中 ABA 介入的一部分。

撰寫目標的標準

　　在自然情境中的 ABA 介入目標必須要是可觀察的、可測量的、發展適切的，且具功能性。此外，目標應該要指出精熟程度的標準，並且正向陳述。這些必要條件的每一項都會在本節中詳細討論。

○ 可觀察的

　　可觀察的目標是指我們可以實際看到兒童表現出能力，這與 ABA 的行為性向度有直接的關聯。像是「艾碧會喜歡和姊姊一起玩。」這樣的目標是

無法觀察的，因為我們無法總是察覺到她的喜悅。喜悅並非是一個特定的行為，且在不同的個體身上會看起來相當不一樣，特別是如果考慮到一些 ASD 兒童大部分時間可能不會表現出正向的情感。反之，目標可以這樣陳述：「艾碧在室內外遊戲活動時會在姊姊身旁玩，並在每一個遊戲活動中會與姊姊有最少一次眼神接觸和微笑。」照顧者和服務提供者之後可以觀察兒童是否與姊姊進行這些遊戲行為。我們不只是要能清楚陳述目標的內容，且目標的撰寫是要讓每一個人都能正確尋找相同的行為。第一個「艾碧會喜歡和姊姊一起玩。」的例子可能會造成不同的人會尋找不同的行為；但是，第二個「艾碧在室內外遊戲活動時會在姊姊身旁玩，並在每一個遊戲活動中會與姊姊有最少一次眼神接觸和微笑。」的例子能讓所有人都知道要尋找什麼行為表現。

◯ 可測量的

　　可測量的目標是指我們能測量所看到的兒童表現。目標的陳述中應該要有一些內容能指出所使用的測量系統。細想前一段落中所討論之艾碧的目標，她的表現可以透過指出她在姊姊身旁時所從事的室內外活動種類來測量，以及透過指出她是否在每一次遊戲活動時表現至少一次眼神接觸和微笑來測量。目標的撰寫不應該讓測量表現的方法是可以自由解釋的。例如，如果艾碧的目標陳述如下：「艾碧在室內外遊戲活動時會在姊姊身旁玩，且在遊戲時分享喜悅。」不同的人可能會以不同的方法來測量「分享喜悅」。但是，如果目標是如此陳述：「艾碧在室內外遊戲活動時會在姊姊身旁玩，並在每一個遊戲活動中會與姊姊有最少一次眼神接觸和微笑。」則能清楚指出遊戲活動中最少一次眼神接觸和微笑的行為表現是要測量的項目。

○ 發展適切的

　　如第 1 章所討論的，適性發展介入（DAP）指出設定的目標是具挑戰性及可達成的（NAEYC, 2012）。要確認發展適切的目標，要先進行在第 3 章所討論的評估以確定兒童的現況能力表現，然後藉由檢視兒童已經可以表現的能力和下一步要發展的能力來設定具挑戰性和可達成的有意義目標。這是與 ABA 應用性向度有關（Baer, Wolf, & Risley, 1968）。為了使目標對於兒童是有意義的，目標必須要是可達成的。目標常常是從發展性檢核表或是現成的課程教材中選擇。有時選擇的目標並非是發展適切的，因為兒童並沒有達成此目標所需的能力。例如，目標可能是要兒童發起問候，但如果兒童還無法回應其他人的問候，先教導後者是更為發展適切的。一旦兒童可以回應問候，那麼教導兒童發起問候可能會更加簡單。

　　有時目標並非發展適切的原因不是缺乏先備能力，而是因為兒童還沒有準備好要學習此能力。以下作者所提供的情景顯示了一位兒童僅是尚未準備好學習目標能力的範例：

　　回到早先執行單一嘗試教學法的時候，我記得我花了數個月的時間在教導一位兩歲大的自閉症男孩奧斯丁接收性辨別女生和男生。我會舉起一張女生和一張男生的圖片，並說：「男生在哪裡？」或「女生在哪裡？」數個月後，數據顯示奧斯丁可以做到 50%上下的正確率。我試著使用小玩偶而不使用圖片，甚至是使用真人，但不管如何，奧斯丁就是無法習得此能力。最後，因為在嘗試了幾種不同的教學方法後仍無法有所進步，我的指導老師同意從奧斯丁的單一嘗試課程中移除這個目標。之後我繼續和奧斯丁及其家庭合作了數年。當他到了五或六歲時，某天我詢問了他的母親：「順便一提，奧斯丁是否學得辨別男生和女生？」她回答：「是的，他現在對這能力已經

沒有問題了。我們甚至不曾再教過他。他是在發展時偶然學會的。」

　　為了設定發展適切的目標，要使用兒童現況能力表現的評估資訊（如第 3 章所討論的）。當藉由強調兒童目前能獨立完成或在支持下完成的能力來摘要現況能力，就能容易的看到兒童發展中合理緊接著的階段。目標的選擇應該要聚焦於這些合理緊接著的階段。例如，當每次姊姊進到艾碧的遊戲區時，艾碧就會出現挑戰性行為，那麼關於在姊姊身旁玩、眼神接觸和微笑的目標就不是發展適切的。如果是這個例子，更加發展適切的目標會是：「艾碧會待在遊戲區內並保持冷靜，以此正向的方式讓姊姊加入她的遊戲。」等到艾碧可以容許姊姊在接近她的地方遊戲，之後教導艾碧如何在遊戲中與姊姊眼神接觸和微笑以分享喜悅才是發展適切的。

◯ 具功能性

　　如果目標具功能性，目標對於兒童會是有意義的，且當目標達成時會對兒童的生活產生正向的影響。這也是與 ABA **應用性**向度有關（Baer, Wolf, & Risley, 1968）。如果目標的本質上是臨床的，對於兒童可能會沒有太多意義。例如，這樣陳述的目標：「亞歷克斯能將立體的物品與圖片相配對。」對於許多兒童來說可能是不是具功能性的。決定目標是否具功能性的一個好方法是使用「那又怎麼樣？」（so what?）的問題。如果兒童精熟了目標，那又怎麼樣？這個新能力要如何改善兒童的生活？如果這些問題無法以有意義的方式回應，代表目標可能不具功能性。因此，比起教導亞歷克斯配對物品和照片，教導亞歷克斯接收性辨識自然情境、照片和影片中的常見物品會更有意義。那又怎麼樣？如果他可以藉由指出常見物品來學習辨認，他就可以使用這個能力和他人溝通。然後亞歷克斯可以學會以指出想要的物品或其照

片來要求。之後，透過讓亞歷克斯指出照片來代表對問題的回應和對他人表示意見，這個能力可以幫助增強他在社交活動和學習活動中的參與。

另一個確認目標是否具有功能性的方法，是了解能力在跨家庭、學校和社區等情境時是否均有所助益。雖然有些目標是針對特定情境，但是大部分的目標在撰寫時應呈現出讓兒童學習的新能力可以應用於跨不同的情境和背景中。因此，比起將目標撰寫成：「賈斯丁在小組語言治療時段能與同儕共用用具。」將目標撰寫為：「賈斯丁在結構化和非結構化的遊戲活動中能與同儕共用用具。」可以讓目標在跨家庭、學校和社區的背景時具有意義。當然，上述目標剛開始可能只在結構化的遊戲活動中達成，但是為了類化的目的，目標應該慢慢擴展到在非結構化的遊戲活動中達成。

○ 精熟程度的標準

每一個目標應該都要包含精熟程度的標準，讓團隊可以決定兒童何時達到精熟。精熟程度的標準最常見的陳述方式是指出百分比，例如：「詹姆士在 90%的時間可以和同儕在戶外遊戲場上玩遊戲。」儘管百分比可以是一個代表精熟度的有幫助、有意義的方式，但並非總是最合適的數據蒐集方法。例如，要記錄詹姆士在戶外遊戲場與同儕遊戲的時間百分比可能是非常困難的。理論上，要完成紀錄可以使用碼表，然後在整個遊戲時間裡像老鷹般監視著詹姆士。一旦他沒有和同儕遊戲時，立即暫停計時器，然後等他確實有和同儕遊戲時再繼續計時。接著將他與同儕遊戲的時間除以在戶外遊戲場的總時間。實際上，對於照顧者和介入提供者而言，這樣的數據蒐集方法並不可行。反之，精熟程度的標準可以是：「詹姆士大多數在戶外遊戲場的遊戲時間會和同儕遊戲。」照顧者便可以使用如下的個別化評分系統來估計他與同儕遊戲的總時間：

1. 不曾與同儕遊戲。

2. 少部分遊戲時間與同儕遊戲。

3. 約一半的遊戲時間與同儕遊戲。

4. 大部分遊戲時間與同儕遊戲。

　　除了百分比和個別化評分系統外，其他指出精熟程度標準的方法包含使用獨立性程度評分、頻率總數及是／否數據的蒐集。這些方法會在第 6 章中詳細討論。除了指出像是百分比、個別化評分系統、獨立性程度評分、頻率及是／否等標準外，重要的是要指出兒童應達到指定標準的天數、週數或所處背景，以代表目標被認為是已達精熟。例如，詹姆士的目標應該改善如下：「詹姆士連續五次在遊戲時間內，大部分時間都會在戶外遊戲場與同儕遊戲。」加上「連續五次在遊戲時間」，確保了團隊不會在詹姆士只有一次在戶外遊戲場與同儕遊戲後就認為目標已達到精熟。

　　學習在四個階段中產生，即習得能力、流暢、維持和類化。在習得能力的階段中，兒童才剛開始發展能力。在流暢的階段，兒童可以輕易的表現出能力。在維持的階段，能力可以長時間維持。最後，在類化的階段，兒童可以跨不同的背景和情境表現出能力。如果兒童未能達到維持或類化階段，精熟程度的標準最好至少能確定兒童達到了流暢的階段。服務提供者常常會在能力習得的階段即認為已經精熟目標，而未繼續介入直到兒童的能力達到流暢、能維持能力一段時間和能類化能力的使用。當學習只有達到第一階段的精熟，兒童最後可能會失去此能力，因為他／她無法往習得能力之後的階段邁進。

○ 正向陳述

最後，目標應該正向陳述，指出兒童所要學習的新能力內容。避免撰寫行為減少作為目標，像是「史恩能忍住不用哭泣來獲得他想要的東西。」反之，應該要陳述史恩在哭泣以外所需表現的行為：「史恩能以用手指出的方式要求物品。」當目標是正向陳述時，團隊會聚焦於能力的發展。若你想改寫非正向陳述的目標，想一想什麼是兒童可以學習的行為，而能以此避免做出負向的行為。例如，如果團隊想改寫這樣的目標：「當無法獲得想要的東西時，蘿倫不會發脾氣。」他們可以討論出當蘿倫要不到東西時更適當的處理方法。一個正向陳述的目標可能會是：「當蘿倫無法獲得她想要的東西時，她可以保持平靜，或用臉部表情或是短暫嗚咽或哭泣來表現輕微的失望。」表 4.1 摘要了撰寫在自然情境中 ABA 介入目標的標準。

▶▶ 表 4.1　自然情境中 ABA 介入目標撰寫的標準

標準	ABA 向度	描述
可觀察的	行為性	目標撰寫的方式為兒童的能力表現可以實際被看到。
可測量的	行為性	目標的撰寫是可以讓不同人使用同樣的方式測量。
發展適切的	應用性	目標是基於兒童的現況能力，以確定兒童目前可以表現的能力，並選擇合理緊接著的階段目標。
具功能性	應用性	目標對於兒童是有意義的，且能充分回答「那又怎麼樣？」的問題。大部分的目標在跨家庭、學校及社區情境時，都是具有意義的。
精熟程度的標準		目標應該包含決定兒童何時達到精熟的陳述，並應指明特定的測量系統。
正向陳述		目標陳述的能力是期望兒童學習的行為，而非兒童應該不要做的行為。

撰寫特定領域的目標

　　對於每個已評估的領域，團隊會基於照顧者的優先考量和兒童的現況能力共同合作設定目標。當完善的進行了評估，且蒐集到有價值的資訊後，目標的設定會是相當簡單的。團隊只要檢視現況能力的陳述和照顧者的優先考量，接著運用專業的判斷來為兒童撰寫最具意義的目標。團隊有可能會因為在評估過程中蒐集了大量的資訊，而針對某個領域撰寫了十個不同的目標。但是，照顧者要負責在日常作息中執行介入計畫中的每一個目標，因此讓他們在介入的開始就要處理十個或更多的目標，是不可行的。更好的做法是，在每一個領域先選擇聚焦於一到三個目標即可。

　　要選擇對於兒童的發展有最正向影響的目標，這就正是需要專業判斷之處。細想此情況，兒童有三個可能的社交目標，包含了分享玩具、維持共同遊戲五分鐘，以及在不同的情境中使用適當的音量。當這三個目標看起來都是有意義的目標時，如果使用專業判斷來選擇目標，那麼從維持共同遊戲來開始介入可能會是最具意義的。如果兒童學習了如何維持共同遊戲，他／她可能自然的就會在遊戲時分享玩具，而不需要再明確教導分享的能力。雖然音量控制在時機適當時，可以或應該要提出成為目標，但讓兒童與其他人進行共同遊戲會比斟酌於音量上更為重要。如果音量控制依然成為一個問題，可以在稍後進行介入。第 3 章分享過安德魯的溝通現況能力：

　　安德魯基本上會用抓、拉、推、啼哭、直接拿、眼神接觸或發出聲音等方式來溝通他想要和需要的東西。他可以在最多提示下用手指指出特定物品的方式來做出要求。他會用手勢來表示想被抱起來，就是把手臂舉高。如果他感到挫折，安德魯會用哭鬧的方式來表達。如果想要得到他父母的注意

力，安德魯會用哭鬧的、用啼哭的，或爬到他們的膝蓋上。在自然發生的作息中，安德魯能遵守較常出現的單一步驟簡單指令。他需要中度或最多的提示才能遵守不熟悉的單一步驟簡單指令。當安德魯發出咿呀咿呀的聲音時，他會發出「噠」、「嘎」、「嚇」、「啊—」、「嗯—」、「嘿—」等聲音。有時候，在搔癢遊戲時他可以模仿聲音。當他在溝通他不想要某樣東西時，他會走開、推開東西、哭鬧，有時候會搖頭。當詢問他是否想要某樣物品，如果把該樣物品放在安德魯面前時，他會直接拿起。如果他有兩個選擇，他會拿自己想要的那一樣東西。他在最多提示下可以指出他想要的東西。當他參與自己喜歡的事物時，安德魯有時候會和其他人眼神接觸並且微笑。當其他兒童在安德魯附近遊戲時，他有時候會看他們在做什麼。要在使用最多提示協助之下，他可以加入其他兒童一起遊戲。

安德魯的媽媽指出她在溝通領域中的優先考量，是安德魯可以學習如何說話、能夠傳達他想要的事物，且能以平靜的方式要求協助。基於這些優先考量事項、評估中所蒐集的資訊及專業的判斷，選擇了以下的溝通目標作為安德魯的 ABA 介入計畫的起始：

1. 當要從兩個物品中二選一時，安德魯會連續五天獨立的藉由用手指物和眼神接觸來要求想要的物品。
2. 安德魯會一致的模仿最少十種不同的聲音或字詞。
3. 安德魯會連續五天可以獨立且保持平靜的，藉由給大人玩具或物品並搭配眼神接觸來要求協助。

以下替安德魯選擇的社交互動目標，是基於現況能力評估和照顧者的優

先考量：

1. 安德魯會連續五天、每次最少五分鐘使用不同的玩具與成人維持共同遊戲。

2. 安德魯會連續五天在遊戲作息中模仿不同的肢體動作。

請留意，上述所提出的每一個溝通和社交互動目標都是可觀察的、可測量的、發展適切的（基於評估資訊）、具功能性、包含精熟程度的標準，以及正向陳述。雖然基於現況能力評估，有許多不同的目標可以撰寫，但這些目標是滿足照顧者的優先考量，並被認為是對安德魯的溝通和社交互動能力最具有意義的。表 4.2 提供了特定領域目標的一些範例：

▶▶ 表 4.2　特定領域目標的範例

領域	目標範例
溝通能力	1. 兒童會一致的要求至少十種想要的東西，透過說出物品名稱或是獨立的用手指出或眼神接觸。 2. 兒童會連續五天獨立的使用圖片來要求，或從兩個既定活動中要求想要的活動。 3. 兒童會連續五天獨立的使用至少一個單字說話來回應關於當下活動的評語。
社交互動能力	1. 兒童會連續五天在跨不同的活動中，於喜愛的活動讓一位成人或同儕進行平行遊戲，並在整個活動中保持平靜。 2. 兒童會連續五天獨立轉頭回應成人或同儕的要求。 3. 兒童會連續五天在每一次休息時間，正向的回應同儕口語的遊戲發起至少一次，像是正向的口語回應、正向的手勢，或是以正向的方式來開始遊戲。

▶▶ 表 4.2　特定領域目標的範例（續）

領域	目標範例
獨立遊戲能力	1. 兒童會連續五天獨立的玩拼圖至少五分鐘。 2. 兒童會連續五天獨立的閱讀，一頁一頁從頭到尾翻完書並／或能看圖說故事或聽完大聲朗誦出的故事後重述。 3. 兒童會連續五天獨立的進行想像遊戲，像是適當的、不重複的使用素材，並／或藉由使用素材如模擬廚房、娃娃／娃娃屋、農場／農場動物、小玩偶和裝扮工具等，為遊戲做旁白至少十分鐘。
生活自理能力	1. 兒童會連續五天獨立的使用湯匙吃像是布丁和優格等食物。 2. 兒童會連續五天獨立的脫掉襪子和鞋子。 3. 兒童會連續五天獨立的從半滿的 750c.c.的杯子中喝東西。
認知能力	1. 兒童會接收性辨識基本的形狀（圓形、正方形、三角形和長方形），從兩個當中辨識有 100%正確率。 2. 兒童會表達性辨識全部的大寫字母，有 100%正確率。 3. 兒童會數數到 10，有 100%正確率。
正向行為	1. 當兒童在搭車時，全程都會在汽車座椅上保持安全帶繫緊。 2. 兒童會連續五天在吃飯時間坐在餐桌前至少十分鐘。 3. 夜晚時，兒童會連續兩週在躺進被窩後待在床上並入睡。

 使用活動本位矩陣來安排作息中的目標

　　一旦選擇了特定領域的目標，可以系統化的使用活動本位的教學方法（Pretti-Frontczak & Bricker, 2004）來規劃在自然發生的作息中嵌入 ABA 介入之目標的機會。在這個架構內，自然發生的作息和活動成為教導新能力的機會；這個方法在增進動機和類化上已被證實是有效的。為能完善執行 ABA 介入的活動本位教學，要使用矩陣（matrix）來決定在什麼樣的作息中要提

出什麼樣的目標。製作一個矩陣讓照顧者在可以在一張紙上檢視他們在日常脈絡中正在努力的目標。圖 4.1 於矩陣上展示了安德魯初始的 ABA 介入，詳列了選擇作為介入的作息、特定領域的目標，和在一天內各個作息中要執行的目標。完成矩陣的說明包含在表格上方。當目標精熟了和增加了新目標，矩陣都需要再更新。如果兒童在學校情境接受 ABA 介入，建議要製作另一個學校用的矩陣。透過指出在學校中誰可以在個別作息執行什麼目標，學校人員可以在學校的一天中分擔執行介入的工作。

以作息的生態評估為基礎撰寫目標

　　如第 3 章中所說明的，團隊不只為了設定目標而評估特定的領域，還要為兒童選為 ABA 介入之目標作息的溝通方式、社交互動狀況、獨立性、認知能力表現和挑戰性行為等進行生態評估。這些評估之後能用來為目標作息設定目標。當為目標作息選擇介入的目標時，要盡可能與特定領域目標連結，以避免讓照顧者因為太多需要特定介入的目標而感到不知所措。圖 4.2 提供了一個撰寫特定作息目標的表格，並附上以安德魯洗澡時間作息的生態評估（見第 68 頁，圖 3.12）為基礎所撰寫的目標作為範例。

| ABA 活動本位教學矩陣 |

兒童姓名：_安德魯_____ 日期：__1/5__

說明：

1. 在表格頂端，列出特定領域的目標；並使用簡述或以數字表示該目標。
2. 在表格左邊列出 ABA 介入所選定的作息。
3. 在各空格中以 X 標示各目標要在哪一個作息中執行介入。除了以 X 標示，若有需要也可以在空格中填入在特定作息中執行介入的照顧者簡稱。可以由多位照顧者分擔執行介入的工作。

	目標： 指出選擇， 二擇一	目標： 摸仿聲音 和字詞	目標： 請求協助	目標： 共同遊戲	目標： 動作摸仿
作息： 睡覺時間	媽媽， 姊姊，爸爸	媽媽， 姊姊，爸爸		媽媽， 姊姊	媽媽， 姊姊
作息： 進食	媽媽，爸爸	媽媽			
作息： 使用玩具遊戲	媽媽，爸爸	媽媽	媽媽	媽媽	媽媽， 爸爸
作息：					
作息：					

圖 4.1　ABA 活動本位教學矩陣範本（空白表格詳見附錄 G）

｜特定作息目標｜

兒童姓名：＿＿安德魯＿＿　作息：＿＿＿洗澡時間＿＿＿　日期：＿1/5＿

向度	目標
溝通方式	1. 當要從兩個物品中二選一時，安德魯會連續五天獨立的藉由用手指物來要求想要的物品。 2. 安德魯會一致的模仿最少十種不同的聲音和字詞。
社交互動狀況	1. 安德魯會連續五天、每次最少五分鐘使用不同的玩具與大人維持共同遊戲。 2. 安德魯會連續五天在遊戲作息中模仿不同的肢體動作。
獨立性	1. 安德魯會自己洗澡。 2. 安德魯會自己穿脫衣物。
認知能力表現	1. 安德魯會接收性辨識身體部位。
正向行為	不適用

圖 4.2　特定作息目標範本（空白表格詳見附錄 G）

本章總結

　　本章提供了使用評估所得資訊來為自然情境中之 ABA 介入設定目標的程序。總而言之，所有特定領域的目標必須要是可觀察的、可測量的、發展適切的、具功能性、包含精熟程度的標準，並且為正向陳述。團隊應該要考慮照顧者的優先考量及現況能力的陳述來設定目標，並藉由專業判斷決定什麼能力對於兒童的生活有最正向的影響，以排定優先次序來處理。一旦設定了領域特定的目標，團隊接著要使用生態評估（詳見第 3 章）來決定哪些目標要在選擇介入的作息中提出。團隊亦會針對如何增加兒童在每個所選定的作息之參與、獨立性和社交互動提出建議。目標設定的最後一個步驟是製作活動本位教學矩陣以提供照顧者單頁式的表格，摘要出照顧者在 ABA 介入中所要執行的目標，以及目標是在哪一個作息中執行介入，甚至能顯示出不同照顧者在執行 ABA 介入時所分擔的責任。第 5 章中包含了為所選擇之目標設計 ABA 介入的程序。

自然情境中發展 ABA 介入之教學程序

本書的第 3 章以及第 4 章主要是在探討評估及設定目標，團隊可以設計特定領域的目標以及在選定之日常作息中的目標，一旦目標確認後，就是為個別目標發展在自然情境中執行之 ABA 教學程序的最佳時機。ABA 的教學程序必須滿足**概念性**（必須使用有行為研究支持的教學策略）及**技術性**（必須以明確且清楚的方式撰寫及解釋，使不同人均得以真實無誤差的方式複製教學技術）。本章將討論正向行為支持及解釋如何在自然情境中為 ASD 及其他障礙類型兒童設計並執行 ABA 教學程序。定義與範例描繪了可以跨領域教導能力的多種行為教學策略，並以具體範例示範如何將行為策略互相連結，以發展介入個別目標之滿足**概念性**與**技術性**的教學策略。

 ## 正向行為支持

本章所討論的策略具預防性、主動性及支持性，均可被視為是正向行為支持（positive behavioral supports）。從道德方面的考量，ABA 領域不再使用厭惡後果來改變行為；應用行為分析師的核心原則之一就是公正，意指對待別人的方式要是你自己想要被對待的方式（Bailey & Burch, 2011）。因此，當

要處理某個挑戰性行為或教導新能力時,早期療育服務提供者應該挑選一個兒童最不會感到反感的介入方式。

有些照顧者或教師會認為只有透過懲罰性後果才可以讓兒童知道某些特定行為是不被接受的。事實上,在挑戰性行為之後給予懲罰性後果通常讓兒童出現挑戰性行為的機率維持甚至增加,因為這樣的負向注意力會變成該行為的正增強物。相反的,正向行為支持則是非厭惡的、具預防性、主動性及支持性的策略,這些策略能用來教導正向行為以及在鼓勵日常作息中之主動參與所需的社交互動、溝通、生活自理、獨立遊戲和認知等能力。

 ## 行為教學策略

當某些教學策略被認為是以行為觀點為基礎或是以發展觀點為基礎時,對於 ASD 幼兒的教學者而言是會感到矛盾的。有些專業人員會認為自己是行為學家,而另外有些則認為自己是兒童發展學家。行為學家主要是以應用了 ABA 原則的介入方法來進行介入教學,像是單一嘗試教學法(Lovaas, 1987)、隨機教學(Hart & Risley, 1975; McGee, Morrier, & Daly, 1999)、核心反應訓練(Koegel et al., 1999)及應用語言行為(Sundberg & Michael, 2001)。兒童發展學家則在工作時聚焦於特定的介入方法來進行介入教學,像是地板時間/區辨性增強不相容行為(differential reinforcement of incompatible behavior, DRI; Wielder & Greenspan, 2003)、人際關係發展介入法(relationship development intervention, RDI; Gutstein, Burgess, & Montfort, 2007)、SCERTS®(Prizant et al., 2006)及丹佛模式(Denver model; Rogers & Dawson, 2010)。不同的觀點會導致先驅研究者及實務工作者對於使用在 ASD 幼兒的有效介入方案上出現分歧。我們需要對先驅研究者從行為觀點及發展觀點完成的研究

中學習，兩種觀點的優點將對 ASD 幼兒的介入品質有所助益。

本書強調行為的介入，因為它側重於應用七個 ABA 的向度來針對 ASD 兒童進行評估、設計和評量介入成效。事實上，很多被認為是行為介入之一部分的策略，與發展介入模式的策略相似或相同。例如，「跟隨兒童的引導」（follow the child's lead）常被使用於自然的行為介入模式〔像是隨機教學（IT）和核心反應訓練（PRT）〕當中，也被使用在發展介入模式中。在行為介入模式中，「塑形」（shaping）策略使用正增強以使兒童漸進表現出所想要的行為，雖然發展介入模式並不將之命名為「塑形」，但通常也是使用相同的方法，讓兒童逐漸增加對行為的期待，並藉由正向情感和關注來認可即使是很小的進步。

儘管很多行為介入模式及發展介入模式的策略有很多相同的地方，但仍有些許的差異，例如，行為介入模式在每個能力的教學程序都是明確的、被清楚的定義，而發展介入模式建議使用更全面性的教學策略，可用在不同的目標能力。發展介入模式是透過回應性教學策略及增加正向情感來建立社交關係，而這部分則是行為觀點為基礎的介入所欠缺但應該要考量的重點。所以本章是從行為介入模式及發展介入模式來進行討論，首先介紹傳統的行為介入模式策略，包括：正增強、消弱搭配區辨性增強、提示／褪除程序、塑形、嵌入式單一嘗試教學、時間延宕、工作分析／行為鏈、影片示範、自我監測、行為動能。然後是同時使用行為及發展介入模式的策略，包括：跟隨兒童的引導、環境安排、平衡輪流、示範／要求模仿、後效模仿、同儕媒介介入、社會性故事、預示效應，以及擴大及替代性溝通策略。

○ 正增強

正增強（positive reinforcement）是在行為之後馬上給予一個正向後果，

希望可以藉以增加這個行為之後發生的機率。如果照顧者或服務提供者認為正增強並沒有效果，其真正表達的應該是後果並未真正的增強到兒童。某一類的事物對 ASD 兒童的動機增強可能只會持續一小段時間，他們可能某一個星期非常想要某些事物，但下一個星期卻又完全沒有興趣。當這個狀況發生時，可以進行偏好評估（詳見第 3 章）。了解不同類型的正增強是很重要的，其中包括：有形增強（tangible reinforcement）、活動增強（activity reinforcement）、代幣增強（token reinforcement）、社會性增強（social reinforcement）以及自然增強（natural reinforcement）。表 5.1 提供所有類型的增強定義及範例。

一般而言，在對 ASD 及其他障礙類別幼兒執行 ABA 介入時，最常使用自然增強及社會性增強。ASD 兒童常被誤解需使用有形增強及活動增強才會讓他們完成任務及符合期待，事實上，他們對自然增強及社會性增強的反應也是非常好的。如果兒童在完成任務時持續出現困難或感到無聊的情形，那麼他們可能需要有形增強或活動增強；當孩子參與在有意義的、有趣的活動同時擁有適當的支持去獲得成功的經驗時，社會性增強和自然增強將成為提升動機的重要關鍵。因此，本書強調在自然發生的作息及活動中嵌入 ABA 介入，因為在日常作息及活動中，兒童的動機通常會多過於在醫療場所和一對一的介入。就像一般發展兒童自然的想要在日常作息中學習，ASD 幼兒也是，他們在日常作息的情境中可能需要更多的支持和介入方可學習得更有效能，但這不表示他們在自然情境中沒有機會可以學習。

▶▶ **表 5.1　正增強的類型**

增強類型	定義	範例
自然增強	出現想要的行為立即伴隨一個自然的正向後果。	當兒童說：「餅乾」，照顧者就會給兒童一塊餅乾。
社會性增強	出現想要的行為立即伴隨一個令人喜愛、來自他人的社交回應作為後果，像是特定的獎勵、擊掌、搔癢或溫暖的臉部表情。	兒童用積木疊出一座塔，照顧者對他笑著說：「擊掌，這是一座高高的塔耶！」
代幣增強	出現想要的行為立即伴隨一個代幣作為後果，達成目標數量後可以交換一個活動或有形增強物。	在幼兒園，因為在圓圈時間正確回應老師的問題，老師每次給兒童一張笑臉貼紙。當她拿到五張貼紙之後，就可以交換特別的活動。
活動增強	出現想要的行為立即伴隨可進行喜愛的活動作為後果。	當兒童在餐桌坐好並吃完餐點時，就可以玩十分鐘的電腦。
有形增強	出現想要的行為立即伴隨喜愛的玩具、飲料、食物或物件作為後果。	當兒童正確數出物件的數量時，就會得到少量的食物獎勵。

　　很重要的是照顧者及服務提供者不要增強兒童任何逃逸激勵（escape-motivated）的行為，這意指服務提供者或照顧者不該增強兒童逃離去做其他事情的行為。當逃避的行為被增強時，兒童就只會想著快速完成任務，導致互動的機會減少，且難以建立兒童的內在動機；所以關鍵點是從兒童的興趣及優勢著手，讓他們在日常作息或活動中自然得到增強，並增加他們參與每日作息的主動參與和獨立性，以及成功社交互動的機會。

　　照顧者跟服務提供者經常沒有提供足夠的正增強，如果是 ASD 或是其他障礙類別兒童，應該要盡可能經常告訴兒童他們做得很好的地方。特殊需求

兒童通常會被成人一再的教導，且以口語或非口語的方式指出事情做得不好或不對，當兒童需要密集介入，且經常必須一再的教導，此時重要的是盡可能提供自然增強和社會性增強，讓兒童能保有動機並對自己有正向的感受。

◯ 區辨性增強替代行為

本章一開始有提到，本書所呈現的策略具預防性、主動性及支持性，所以被視為是正向行為支持。因此，在介入的過程中不建議將處罰使用在 ASD 及其他障礙類別幼兒身上，照顧者需要知道如何處理挑戰性行為，其中減少問題行為最有效率的方式，是消弱（extinction）問題行為並同時正增強想要的行為，這就是區辨性增強替代行為（differential reinforcement of alternative behavior, DRA）（Vollmer & Iwata, 1992）。消弱程序就是忽略問題行為，對於兒童問題行為出現時不給予任何正向或負向注意力，亦即沒有斥責、威脅、露出不悅的表情、做出負向的動作，不去試圖讓兒童冷靜下來，也不去對兒童講道理。消弱的目的是將問題行為的後果撤除，但是只進行消弱不能消除問題行為，還需要同時正增強一個想要的行為。這表示，不只是忽略問題行為，照顧者應該要在兒童有正向行為表現而不是問題行為表現的時候，給予正增強。以下是使用區辨性增強替代行為的範例：

莎曼珊是一位患有 ASD 的幼兒，其問題行為是想要人抱時就會尖叫，父母為了要消弱這個尖叫的行為故完全忽略尖叫的行為；當莎曼珊停止尖叫時，父母就會問她要不要抱抱，然後抱起她。父母持續這個程序，增強正向的行為或是減少問題的行為。例如：莎曼珊遇到有人來家中時會尖叫希望可以有人抱，而父母為了預防尖叫的行為，所以在她跑過來時就抱起她。當莎曼珊感到疲累時也會尖叫想要人抱，在尖叫之前通常會揉眼睛，所以父母開

始在看到莎曼珊揉眼睛時主動把她抱起以避免她尖叫行為的出現。而介入的方法就是父母每次在莎曼珊沒有尖叫就抱起她的時候，他們會同時教她說「抱抱」，很快的，莎曼珊就知道尖叫並沒有辦法得到父母的抱抱，莎曼珊也學習到，當她需要抱抱的時候可以選擇冷靜的靠近父母，或者是跟父母說「抱抱」。

當使用區辨性增強替代行為，通常要教導更期待的行為，但如果兒童還沒有已經學習的能力可以表現期待的行為時，就教導替代性能力。為了要有效的教導替代性能力，照顧者必須要能夠使用更多在本章討論的其他有效教學策略。

○ 提示／褪除程序

提示／褪除程序（prompting/fading procedure）是藉由提供提示或線索來教導能力與行為，過程中提示的強度依狀況應盡可能快速褪除，方可提升兒童獨立完成行為的能力。ASD 兒童常被要求做出特定行為或發起，所以常被「指責」過度依賴提示與協助，事實是，如果一位兒童產生提示依賴的現象，服務提供者與照顧者比起兒童更應該要被責備。如果成人沒有系統化的逐漸褪除提示，就會造成兒童變得提示依賴，例如，每次孩子哭鬧時，照顧者會說：「你想要什麼？」孩子可能會因而變得提示依賴，每次只有在聽到「你想要什麼？」的提示後，才會做出口語要求，所以這個口語提示需要逐漸褪除，才能讓孩子在沒有提示下也可以自己發起要求。

系統化褪除提示的方式有兩種：最少到最多提示（least-to-most prompts）及最多到最少提示（most-to-least prompts）（Wolery & Gast, 1984）。採用最少到最多提示是每一次做出要求的時候提供最少的提示，希望兒童可以在最少

的提示下做出正向反應，但若兒童仍無法做出反應，則需逐漸增加提示的強度直到兒童可以正確回應。這是為了讓兒童可以有成功經驗的機會，之後提示強度要從最少提示逐漸減少到沒有任何提示。例如，如果一位媽媽希望使用最少到最多提示來教導孩子使用口語要求想要的物品，而非使用哭鬧的方式，因此媽媽剛開始使用最少量的提示，像是伸出雙手及用疑問的臉部表情，彷彿詢問著：「你想要什麼？」但並沒有真正說出來，如果孩子沒有回應，媽媽可以逐漸增加提示的強度，像是問說：「什麼？」如果仍然是沒有反應，媽媽就可以說：「你想要什麼？」為了後續的成功機會，下一次在開始時，要給予比這次成功回應所需再少一點的提示強度。

若採用最多到最少提示，剛開始就給予確認可以成功達成目標行為的提示。使用與上述相同的例子來解釋，當孩子開始哭鬧想要著東西時，媽媽開始就會問：「你想要什麼？」而下一次媽媽只會說：「什麼？」來取代「你想要什麼？」而再下一次媽媽就只會做出動作及臉部表情的提示，直到孩子可以獨立做出口語要求。

無論是採用最多到最少提示或最少到最多提示，最重要的關鍵是規劃成功的機會，如果學習的機會太過分散，會造成提示難以系統化褪除。當在教導一個新的能力時，需要給予很多重複練習的機會，這樣提示才可以盡快褪除。另外一個要考慮的重點是每位兒童所需之褪除提示的時間不一樣，有些兒童需要更多次的練習再褪除。

該如何抉擇採用最多到最少提示或最少到最多提示？一般而言，如果兒童沒有任何回應要求所需的能力，採用最多到最少提示可以預防兒童感到挫折感及出現逃避的行為。若兒童有部分的能力但尚未完全習得所需的能力，就可以採用最少到最多提示，這樣才可以盡快褪除提示以提升兒童獨立回應的能力，且避免兒童對提示的依賴性。

　　提示方法可以是肢體、手勢、聽覺及視覺的（Wolery, Ault, & Doyle, 1992）。肢體提示包括不同的接觸形式，從手把手完全協助到輕輕觸碰以鼓勵兒童做出回應。最好是盡可能避免手把手完全協助，若是手把手完全協助的話，你基本上是在告訴孩子他／她做不到你要他／她做的事，這樣的結果往往造成兒童會依賴成人去完成該做的事情，也造成兒童很難真正習得新能力。所以與其手把手完全協助，多建議使用輔助性的做出肢體提示，並逐漸減少輕觸及肢體協助直到兒童能獨立回應。口語提示包括重述指令、給予口語提醒，或兒童執行錯誤時給予口語的重新教導。視覺提示可能包括物件、圖片、圖片符號或是書面文字。手勢提示可能包括指出、點頭或握手、用手指比出特定數字代表不同意義，或是使用特定手勢符號，像是舉起手表示「停」的意思。有些人認為肢體提示給予的提示強度最大，其次為口頭提示、視覺提示，最後是手勢提示。然而，肢體提示並不一定是最大程度的，應該要看所需習得的能力為何，例如，教導孩子獨立疊積木，若是輕輕敲孩子的手提示她去疊積木會比使用口語「妳去拿積木」的提示量還要少。所以重點不是在使用何種提示，而是應該注意當提示不再需要時要適時撤除。

○ 塑形

　　塑形（shaping）的策略是一個透過正增強接近成功的經驗來習得想要的行為（Cooper, Heron, & Heward, 2007）。換句話說，使用塑形策略先設定一個想要的結果或是目標，當兒童越接近目標期望時持續正增強兒童，就像是照顧者想要讓兒童可以依序指出英文字母 A 到 Z，兒童必須慢慢從指出 B、C、D 開始。當兒童出現少量的進步就進行增強，兒童可能更有動機去符合期待，使用塑形程序讓照顧者可以去設定更多的小目標，讓兒童可以更簡單的學習新能力，有助於減少焦慮及提高動機。以下提供一個情景，有關一位

父親吉姆使用塑形策略來教導他的兒子麥可的過程，目標是讓麥可以說出「果汁」來發起要求。

　　當吉姆決定用塑形策略來教導麥可如何主動用口語說「果汁」來要求喝果汁前，麥可都是用哭的然後等待吉姆去問他說：「你要喝果汁嗎？」所以在一次的介入時間，吉姆決定當麥可用手指向他的茶杯時正增強麥可，即便指的過程他還在哭。一旦麥可以指向他的果汁杯，吉姆只增強他指向果汁杯然後沒有哭泣的表現。當麥可以指向果汁杯沒有哭泣後，吉姆接下來只增強麥可指向果汁杯然後仿說「果汁」。當麥可以做到後，吉姆便只增強他在沒有示範仿說的情況下獨立說出「果汁」。當初的目標設定為麥可想要喝果汁的時候，可以主動以口語的方式獨立說出「果汁」。吉姆在使用塑形的策略下，達成了當初為麥可所設定的目標。

○ 嵌入式單一嘗試教學

　　第 2 章有簡短介紹單一嘗試教學法（DTT）（Lovaas, 1987），雖然在醫療場所中使用此教學法可能會造成有限的類化及缺乏動機的問題，但其教學程序可以被應用在自然情境中。當單一嘗試教學程序被應用在自然情境中，就被稱為嵌入式單一嘗試教學（embedded discrete trials）（McBride & Schwartz, 2003），教學程序如下所述：

1. 前事（要求、指導、評語、問題或其他可以回應的機會）
2. 提示（必要時使用，但要依狀況盡快褪除）
3. 行為（從兒童身上得到想要的回應）
4. 後果（正增強）

　　這個教學程序可以在兒童的生活中教導很多能力，例如，想要教導一位孩子對於評語做出回應，可在作息中使用嵌入式單一嘗試教學，像是在遊戲活動、用餐時間、洗澡時間、在車內的時間、故事書分享時間以及很多以學校為基礎的作息。以下的例子是一位母親在女兒艾蜜莉的故事書分享時間使用嵌入式單一嘗試教學：

前事：媽媽與艾蜜莉正在進行故事分享，媽媽對於書中內容做出評語：
　　　「那位男孩看起來不開心。」
提示：艾蜜莉並未回應媽媽的評語，所以媽媽重述評語且指著故事書中
　　　男孩的臉。
行為：艾蜜莉說：「他在哭。」
後果：媽媽回應：「艾蜜莉你說對了！他在哭，他非常的傷心。」媽媽
　　　給艾蜜莉一個小小的搔癢。

　　在兒童的作息中重複練習嵌入式單一嘗試教學是很重要的，在開始學習新能力時，兒童需要大量的練習機會才能有效率的學習。一般情況下，兒童在學習新能力的起始階段需要一些集聚嘗試，這表示照顧者要提供三至十次連續的嵌入式單一嘗試教學。當兒童開始能在較少提示就回應，嘗試教學可以分散在兒童的一天當中，此時針對個別目標，照顧者每天最好能使用十至二十次嵌入式單一嘗試教學。

○ 時間延宕

　　時間延宕（time delay）策略有兩種進行方法，第一種是在提供前事刺激（要求、指導、評語、問題或其他可以回應的機會）後緊接著提示，以確認

兒童可以成功做出回應，在多次嘗試後，給予提示的時間可以慢慢加長至約兩秒，看看在沒有提示下兒童的反應情形。若兒童在前事刺激後的兩秒沒有回應，就需提供提示來確保兒童做出成功回應；當前一次前事刺激及提示下兒童可以成功回應時，就要慢慢延長前事刺激及提示的時間直到提示可以完全褪除（Snell & Gast, 1981）。

而第二種時間延宕的方法則不是在前事刺激後增加提示的時間，而是在每一次的前事刺激後的一小段等待時間中做出期待的表情和／或肢體語言，並觀察兒童的回應情形（Halle, Marshall, & Spradlin, 1979）。期待的表情可能是一個微笑、抬動眉毛或是溫暖的臉部表情，而期待的肢體語言則是包括看向兒童、抖動肩膀或伸出手，就像是在問：「什麼？」因為兒童需要學習解讀期待的表情及肢體語言是回應或發起的「邀請」（invitation），所以照顧者跟兒童的距離及視線高度需合宜。當照顧者使用時間延宕時，應以正向且支持的態度來鼓勵兒童做出反應而不用擔心答錯。但這種時間延宕的策略卻不常被使用在 ASD 及其他障礙類別幼兒身上，因為照顧者通常會在孩子沒有出現回應或發起時就立即給予提示，造成孩子變得依賴這些提示，所以為了避免對提示的依賴性，照顧者可以使用時間延宕策略來讓孩子有機會在沒有協助下即做出回應。當然，若在時間延宕後孩子未能出現反應，照顧者則可以使用其他策略來確保回應的成功性。以下是一位幼兒園教師使用時間延宕的策略來鼓勵兒童傑洛米在早上的圓圈時間中做出回應：

在早上的圓圈時間時，老師讓兒童參與日曆活動，其中一個活動是說出天氣狀況，老師認為傑洛米可以主動參與，因為天氣是傑洛米的興趣之一。早期療育服務提供者發現傑洛米並未回應老師的問題，所以老師就說：「讓我們找找看有沒有其他人可以幫助你。」然後叫另外一位小朋友。而後早期

療育服務提供者建議老師在詢問天氣的問題時應靠近傑洛米及和他面對面，問完問題後應該使用短暫的時間延宕並伴隨期待的表情或肢體語言來鼓勵他做出回應。如果他在五秒鐘內未做出回應，老師應該給予提示，像是指出描述外面天氣的圖片來讓傑洛米可以成功回應。隔天，老師試著使用時間延宕策略，傑洛米需要提示才能回應；然而，在幾天後，傑洛米可以在只使用時間延宕且褪除提示下成功回應，再過一週，傑洛米就可以在沒有提示及時間延宕策略下正確做出回應。

○ 工作分析／行為鏈

工作分析／行為鏈（task analysis/chaining）策略其實就是將每個任務細分成連續性的步驟並逐步教導兒童（Spooner, 1984）。使用行為鏈的方法有三種：正向連鎖（forward chaining）、反向連鎖（backward chaining）及完整任務演示（total task presentation）。正向連鎖是先教導第一個步驟而後接續著第二個及第三個步驟等，直到兒童能獨立完成一項完整任務。反向連鎖則是教導最後一個步驟，然後接續著倒數第二個及第三個步驟等，直到兒童能獨立完成一項完整任務。完整任務演示則是指在每一次機會中可以讓兒童參與更多的任務，但不一定是從最前面或最後面的步驟開始，而是從任務中最簡單的步驟開始。

正向連鎖、反向連鎖及完整任務演示皆需要個別教導兒童任務的步驟。例如，你可能使用正向連鎖來教兒童使用湯匙來吃優格，因為對該位兒童來說每個步驟的難度都是相同的；也可能使用反向連鎖來教導兒童洗手，因為任務中的用毛巾擦手步驟對該位兒童來說是最簡單的一個步驟；你也可能使用完整任務演示來教兒童玩溜滑梯，先教導爬上樓梯再溜下來，因為對該位兒童來說最簡單的部分是從滑梯頂端溜下來，該位兒童在每次任務中都有機

會可以學習溜完後走向樓梯及爬上樓梯等步驟。工作分析／行為鏈可以用來教導生活自理能力、獨立遊戲能力、正向行為、社交互動能力、溝通能力及認知能力。

○ 影片示範／影片自我示範

使用影片示範（video modeling）策略可以教導 ASD 或其他障礙類別兒童從觀看影片中其他兒童的表現模仿特定行為（Bellini, Akullian, & Hopf, 2007）。服務提供者也可使用影片自我示範（video self-modeling）來讓兒童觀看自己的表現來提升出現特定行為的頻率（Dowrick, 1999）。有些人可能會疑惑如何取得孩子參與在學習中的影片，這是透過影片背後的提示，可能先透過給予大量提示方可讓兒童出現目標行為，而在擷取影片時則將提示的片段刪除，只留下兒童獨立完成該行為的片段，如此一來就可以讓兒童觀看到自己獨立參與或做出該目標行為。ASD 兒童通常在使用視覺的支持時學習成效最好，所以影片示範目標行為可以幫助兒童達成學習的期望。

數位照相機的錄影功能是這個教學策略的有用教學工具，因為照顧者及服務提供者可以很快速的擷取影片並上傳至電腦讓兒童觀看。這個方式特別適合應用在 ASD 兒童的幼兒園教室中，因為教師可以擷取到很多正向行為的示範來教導兒童。當行為被擷取在影片中，兒童就可以在觀看後與大人討論自己的觀察，或是將自己的觀察用角色扮演的方式再練習，並因為在教室的自然情境中出現這些行為而獲得增強。不同能力都可以透過影片示範或影片自我示範來教導，包括社交互動、溝通、認知、生活自理以及獨立遊戲等能力。

○ 自我監測

　　自我監測（self-monitoring）包括教導兒童如何去監測自己的表現來提升兒童的動機以及正向行為。這個教學策略被廣泛使用在改善 ASD 兒童的學業、社交行為及其獨立功能上（Coyle & Cole, 2004; Dipipi, Jitendra, & Miller, 2001; Koegel, Koegel, Hurley, & Frea, 1992; Pierce & Schreibman, 1994）。當兒童在記錄自己的行為時，他們會更注意到自己的動作以及改善自己的行為，比起成人自行記錄兒童表現的效果更佳。

　　有一些人會認為自我監測只能被使用在國小高年級及更大的學童身上，但其實是有很多方法可以讓三歲以上的 ASD 和其他障礙類別兒童使用此策略。例如，學習如廁能力、如何與同儕一起遊戲互動、如何進食不同的食物、如何在幼兒園教室中尋求幫忙、如何自己獨立完成洗澡等。對 ASD 和其他障礙類別兒童使用自我監測時，可以參考下列從學校情境中使用自我監測之文獻調整而來的步驟（Ganz, 2008）：

1. 選擇特定目標行為。
2. 教導兒童特定目標中所期待的行為。
3. 讓兒童選擇一種正增強。
4. 教導兒童記錄自己的表現以及使用角色扮演遊戲來自我增強。
5. 剛開始由照顧者及兒童一同記錄兒童的表現，當兒童的記錄能力越佳時，就可以褪除照顧者的記錄。

　　自我監測被認為在幼兒園教室中特別實用，因為可以減少教師處理特定行為的時間，因而有足夠心力照顧到教室中所有兒童的需求。圖 5.1 提供一個自我監測工具的範例，教導兒童可以在休息時間參與同儕遊戲而非獨自遊

戲。兒童需要被告知及教導目標——如何在休息時間與同儕玩，以及如何使用自我監測工具來監測自己的表現，並學習如何在合適時間自我增強。當使用自我監測工具時，如果兒童在多數時間都是跟同儕玩，就把星星圖案圈起來；如果兒童是在部分的時間跟同儕玩，就把笑臉的圖案圈起來；如果兒童要與同儕玩還需要教師的協助，兒童就把勾勾的圖案圈起來。增強物在每一個程度都是相當重要的，最下方的程度由於兒童尚無法獨立的與同儕玩而不給予增強物。然而，照顧者也可以決定對每一個程度提供不同強度的增強物。當兒童沒有達到目標行為時，不建議使用哭臉的圖案。我們所挑選可以進行自我監測的目標是兒童可以在日常生活中隨機學習的，避免讓兒童認為行為的發生與否是因為他們個人的障礙所造成，而是應適當的提示目標行為，提供適切的教學讓兒童可以發展或達到期待行為，同時對特定的結果運用正增強。

休息時間與朋友一起玩！

日期：＿＿＿＿＿＿＿＿

多數時間

玩十分鐘電腦！

部分時間

玩五分鐘電腦！

我需要老師的協助

圖 5.1　自我監測範例

○ 行為動能

　　行為動能（behavioral momentum）是一種增加兒童面對較困難或及挑戰性任務之動機的策略，其中包括在兩個或三個簡單要求後接續要求一個較困難的任務，然後重複這種簡單—簡單—困難的連續任務要求（Davis et al.,

1994; Jung, Sainato, & Davis, 2008; Mace & Belfiore, 1990）。這就是為什麼這個策略適合用在為 ASD 以及其他障礙類別兒童規劃介入的原因：當兒童持續面對挑戰性過高的任務時較容易失敗，他們可能會感到挫折而停止再做嘗試。出現此狀況時，使用連續性的簡單要求再系統化安排挑戰性的要求，行為動能策略的使用可以讓兒童更有動機回應。以下舉出一位兒童的學習範例，其教學目標是辨識顏色，而他已經學會辨識紅色及藍色，照顧者就可以使用以下的教學程序：

1. 拿出一個紅色的物品並詢問孩子「這是什麼顏色？」
2. 拿出一個藍色的物品並詢問孩子「這是什麼顏色？」
3. 拿出一個黃色的物品並詢問孩子「這是什麼顏色？」（對孩子而言，這是個具挑戰性的顏色，所以照顧者可能需要使用嵌入式單一嘗試教學。）
4. 拿出一個紅色的物品並詢問孩子「這是什麼顏色？」
5. 拿出一個藍色的物品並詢問孩子「這是什麼顏色？」
6. 拿出一個黃色的物品並詢問孩子「這是什麼顏色？」（必要時照顧者可以再使用嵌入式單一嘗試教學。）
7. 繼續以上簡單─簡單─困難的連續步驟，直到黃色變成孩子覺得「簡單」的顏色為止。

○ 跟隨兒童的引導

跟隨兒童的引導（following the child's lead）是用來提升溝通及社交能力的行為策略，是核心反應訓練（Koegel et al., 1999）及隨機教學（McGee, Morrier, & Daly, 1999）中的一個重要元素。這個策略藉由參與兒童當下的活

動來開始與兒童的互動,為提升效果,照顧者應該與兒童面對面、呈現兒童感興趣的教材、動作、物品,並提出符合兒童發展階段的要求(Zanolli, Paden, & Cox, 1997)。例如,當兒童在沙箱中遊戲並往砂石車倒入沙子時,照顧者、同儕或服務提供者可以與兒童一起把砂石車裝滿。互動時要注意與兒童面對面的距離和適當提供機會讓兒童成功參與活動,可以參考的互動參與內容包括請兒童分享鏟子、提供新的玩沙工具、做出評語、問問題、提供遊戲方法或其他互動方式。

照顧者需要了解跟隨兒童的引導之價值為何,當照顧者要協助 ASD 兒童與一般發展同儕建立互動時,通常直覺的做法不是跟隨 ASD 兒童的引導,而是希望 ASD 兒童參與同儕正在進行的活動。當成人這樣做的時候,可能會同時面臨三個不同的挑戰:其一為 ASD 兒童的社交互動以及溝通困難,其二為 ASD 兒童在活動中頻繁轉換注意力的問題,最後的問題則是 ASD 兒童可能對活動沒興趣或是不具備參與該活動應該要有的先備能力。

這並不代表跟隨兒童的引導就可以自動產生正向的互動,兒童仍然可能會逃離互動,如果這種情況發生,就需使用其他策略與兒童建立互動關係。不要只是跟著孩子,那不是這個策略的主要目的。跟隨兒童的引導主要是想要增加兒童參與活動的可能性,接著在需要時結合其他策略來建立以及維持互動是很重要的。

○ 環境安排

另一個有效策略是環境安排(environmental arrangement),以促使進行溝通以及互動(Koegel et al., 1999; McGee, Krantz, & McClannahan, 1985; Skokut, Robinson, Openden, & Jimerson, 2008),以下提供四個環境安排的策略,可用來增進 ASD 和其他障礙類別兒童的社交互動與溝通能力:

1. 將兒童想要或需要的物品放在搆不著的地方，以提供機會讓兒童可以做出請求。

2. 給予兒童少量想要或需要的物品，以鼓勵他們可以要求更多。

3. 做某件不在預期中的事，來增加兒童發起溝通的機會。

4. 減少環境刺激，以限制分心和防止感官過度負荷。

將想要的物品放在搆不著的地方

當物品被放置在難以拿取的地方，務必放置在兒童可以清楚看見的地方，如此一來才可以鼓勵兒童做出要求。當兒童屬於學習做出要求的起始階段，物品可能只要握在照顧者的手中且超出兒童可以直接抓取的距離。你可以教導兒童不同的要求物品方式，像是指出物品、命名物品、說「請」或「多一點」，也可以使用溝通輔具來指認其中的圖片或是使用聲音輸出裝置。最多到最少提示法可以與環境安排結合使用，以減少兒童在習得新的要求能力時出現問題行為。

給予少量物品

雖然給予少量物品是教導兒童要求能力相當好的一個方式，但要記得以尊重的態度來對待兒童。以下提供一個單一嘗試教學的真實範例來強調這一點：

一位五歲的男孩正在學習顏色，每當他可以指出治療師所陳述的顏色，男孩就可以得到一小塊餅乾。經過幾個連續的嘗試後，男孩對治療師說：「不要再給我餅乾屑了，這樣對人很不禮貌。」

所以在使用給予少量物品來教導兒童要求能力時需要深思熟慮，如果是在點心時間教導要求能力，請記得不要給予太少量的食物，而是提供略少於完整一份的食物量來讓兒童做出要求。舉例來說，你可以提供兩小份的椒鹽脆餅並鼓勵兒童做出要求，而不是只給一點點的餅乾。如果兒童在學校參與繪畫活動，教師可以提供幾隻彩色筆，並鼓勵兒童在需要更多彩色筆時做出要求。

做某件不在預期中的事

做出一些不在預期中的事會促使一些幼兒進行溝通以及社交互動——尤其是 ASD 兒童喜歡每件事情都保持不變或有固定的順序。以下以一位兩歲的 ASD 兒童傑瑞德為例：

傑瑞德的爸爸發現，傑瑞德總是將形狀積木以相同的順序放入積木桶中，總共有十種形狀的積木，服務提供者建議可以將傑瑞德接下來要放的形狀積木藏起來，這樣傑瑞德就必須做出要求。服務提供者讓傑瑞德先放了三個積木，然後把排在第四個的三角形積木拿起來，傑瑞德開始出現焦慮的反應，服務提供者用輕快的語氣且手拿積木說：「我有三角形積木！」於是傑瑞德使用口語來要求要拿三角形積木。服務提供者持續不預期的藏起積木的策略，然後教傑瑞德說：「積木在哪裡？」服務提供者也教導傑瑞德聽從指令來找出藏起的形狀積木。這是一個有趣的活動，傑瑞德的爸爸可以使用這種遊戲方式與傑瑞德互動。

減少環境刺激

部分 ASD 和其他障礙類別兒童在環境過度刺激下很難與他人溝通和互動，因為當他們需要處理太多的環境刺激，就難以有效率的進行溝通和互

動。環境的過度刺激可能包括噪音環境、閃爍燈光、氣味、人群、大量材料以及過多的視覺刺激。有些兒童可能需要調整自己來處理這樣的環境刺激，才可以在環境中做出適當且具功能性的回應。以下舉例：

三歲自閉症男孩傑克就讀社區中的幼兒園，他喜歡玩疊積木，但每當他進入積木區，至少有三位兒童在聊天講話，且積木散布在地上。這對傑克而言是過度刺激，所以他會尖叫、弄倒別人的積木或逃離積木區。為了要處理傑克感官過度負荷的問題，老師另外設計一個積木區給傑克和他的同儕，有一張小桌子、兩張小椅子及兩人份的積木和空間。剛開始老師會協助傑克與同儕的互動來確保成功性，而後老師逐漸褪除支持，讓傑克與同儕可以獨立的進行互動和溝通；之後老師慢慢將更多刺激加入傑克的積木區，像是增加積木或是增加同儕，最後傑克學會在更多環境刺激下進行自我調整，再之後他便可以回到原先的積木區。

◎ 平衡輪流

平衡輪流（balanced turn taking）是指有目的的設計互動內容，讓兒童和照顧者可以進行均衡的往復互動，以增加兒童維持注意力的時間及參與程度（MacDonald & Carroll, 1992）。舉例來說，照顧者可能唱一首孩子最喜歡的歌，中間稍停下來讓孩子可以接著唱一句或一小段，當孩子喜歡唱歌且具備表達性溝通能力，唱歌的來往互動就可以輕鬆完成。其他使用在平衡輪流的活動，像是輪流疊積木、拼拼圖、玩躲貓貓遊戲、滾球遊戲或進行模仿遊戲（老師說）。

Stanley Greenspan 提出數種將平衡輪流使用在地板時間（floor time）介入的方式（Greenspan & Weider, 1998）。雖然地板時間不屬於 ABA 介入的一

種，但 Greenspan 所建議的方式在進行平衡輪流時是相當有效的，包括有趣的阻擋（playful obstruction）、建構性的遊戲（playful construction）以及遊戲的協商（playful negotiation）。有趣的阻擋及建構性的遊戲被使用在將非功能性及非互動性的作息轉變為往復社交互動。有趣的阻擋是指阻擋兒童當下進行的行為進而建立互動，舉例來說，當孩子走向後門想要出門，照顧者可以阻擋在孩子前往門的路徑上，如此一來，孩子必須與照顧者溝通想要出門的需求；照顧者可以先一步鎖上門，然後蹲低至與孩子同高並使用時間延宕策略來鼓勵孩子使用詞彙或手勢來做出開門的要求。從上述的情景中可知，照顧者藉由阻斷孩子想開門的動作來提示孩子進行溝通。在使用有趣的阻擋後還可以加入遊戲的協商，盡可能在不造成兒童過多挫折的情況下「延伸」互動，舉例來說，如果照顧者在上述情境中使用有趣的阻擋時，若孩子說「外面」，不要開門就結束互動的過程，照顧者可以透過遊戲的協商方式來建立更長的往復互動行為鏈。照顧者可以問：「你要去外面做什麼？」或是說出評語：「你沒有穿鞋子。」當孩子對評語或詢問做出回應時，互動過程應該盡量持續加長。

　　建構性的遊戲其實是相同的概念，但不是使用阻擋兒童當下所做的事來進行互動，而是指照顧者參與兒童在非互動性或自我刺激的活動來建立平衡輪流，舉例來說，如果孩子將汽車排成一列，照顧者可以參與孩子活動，像是用積木堆疊出一條路給車子開，此時照顧者就可以與孩子輪流將車子開在馬路上。一旦輪流的習慣建立時，照顧者可以透過遊戲的協商來建立更長的往復互動行為鏈，像是要求孩子拿出紅車或警察車、假裝發生車禍並要求孩子幫忙維修馬路，或照顧者在馬路上設立障礙物並鼓勵孩子做出要求來移除障礙物。照顧者在應用上述的三個策略時需注意到遊戲及歡樂的氣氛，因為目標不該讓兒童受挫，而是在有趣的阻擋之下進行平衡輪流及往復互動。

○ 示範／要求模仿

示範／要求模仿（modeling/request imitation）的策略是指先示範或是展現出對兒童所期待的行為，然後提供機會讓兒童模仿以及得到立即回饋（Buffington, Krantz, McClannahan, & Poulson, 1998）。回饋是指兒童無論在提示的有無下模仿出目標行為所給予的正增強，這個策略的目標是希望撤除口語或肢體提示。照顧者經常沒有先示範就立即給予口語或肢體提示，但兒童可能在示範下就可以獨立的模仿行為，不需要額外的提示。當兒童可以不用提示就獨立的做出回應時，會感到更多的參與感和成就感。

所有兒童都是透過模仿他人來進行學習，一般發展的兒童可以自動模仿在日常生活中看到的事物，而 ASD 和其他障礙類別兒童可能需要更多明確的教學（示範／要求模仿策略）方可做出模仿，以下舉出幾個例子：

1. 當幫孩子洗澡時，媽媽拿出一隻玩具牛並發出「哞」的叫聲，然後媽媽把玩具牛拿給孩子說：「換你了。」她也發出「哞」的叫聲，然後媽媽對著她微笑並做出搔癢的動作為增強。

2. 在拼圖活動中，爸爸注意到他的孩子沒有辦法將某一片放進拼圖中，所以爸爸拿起那一片並示範如何放入拼圖，然後再將那一片拿給他，讓他可以模仿做出相同的動作，爸爸笑著說：「你拼對了。」

3. 當一位兩歲的自閉症男孩和他四歲的姊姊在遊戲區玩時，媽媽知道男孩不知道怎麼從滑梯上溜下來，所以他站在上面。媽媽請姊姊先說：「看著我！」並溜下來，在姊姊溜下來之後，媽媽鼓勵姊姊對著弟弟說：「換你了！」男孩模仿姊姊坐在滑梯上然後溜下來，當他溜到滑梯底下時，姊姊對著他微笑並和他擊掌。

○ 後效模仿

　　後效模仿（contingent imitation）與跟隨兒童的引導之程序相似，是模仿兒童當下的動作來建立與兒童的互動（Cautilli & Dziewolska, 2005; Gazdag & Warren, 2000）。在某些時候，後效模仿是唯一讓 ASD 兒童在完全參與活動時注意到另一人的方式，舉例來說，孩子可能沉浸在開關門的固著行為，照顧者打算重新教導孩子但無法打斷孩子的活動，此時，照顧者可以模仿孩子開關門的動作，目的是要讓孩子可以注意到照顧者而不只是門。模仿兒童的固著行為聽起來好像有點奇怪，但主要目的其實是與兒童互動，在兒童可能使用眼神注視或以手勢／口語回應此後效模仿，照顧者便可以嘗試重新教導兒童進行更多有意義的互動。以上述情景為例，孩子如果在照顧者模仿開關門動作後就看向照顧者，照顧者可以走出去關上門並教導孩子敲門和等待照顧者開門，再對著孩子說：「我看到你了！」而此時若有其他人（另一照顧者、手足、服務提供者）在門的這一側協助孩子做出敲門動作，成效會更好。後效模仿的使用可以相當簡單，照顧者可以在兒童以某種方式回應照顧者的模仿後，使用示範／要求模仿來讓互動更為互惠且適當。

○ 同儕媒介介入

　　同儕媒介介入（peer-mediated intervention）包括教導一般發展兒童如何使用策略來提升與 ASD 兒童的互動，使用如本章所介紹的行為策略來提升同儕與 ASD 兒童的正向互動（Morrison, Kamps, Garcia, & Parker, 2001）。若無為一般發展兒童提供訓練和支持來與 ASD 兒童進行互動，多數一般發展兒童由於 ASD 兒童不太回應他們而對與 ASD 兒童互動出現逃避的反應（DiSalvo & Oswald, 2002），然而當同儕可以學習與 ASD 兒童互動時，ASD 兒童的回應將正增強同儕而讓同儕更有意願主動與 ASD 兒童互動

（Robertson, Green, Alper, Schloss, & Kohler, 2003）。照顧者可以使用同儕媒介介入去改善 ASD 兒童的社交互動能力、溝通能力、生活自理能力、獨立遊戲能力及認知能力，提升 ASD 兒童的正向行為及參與日常作息與活動。

○ 社會性故事

社會性故事（Social Stories）被使用在教導 ASD 兒童多種社交能力及正向行為（Gray & Garand, 1993）。此策略是寫出一個明確描述期待目標行為的簡短故事，從兒童的觀點用現在式時態書寫，讓兒童將故事中的訊息與他們自己的經歷連結在一起。社會性故事可以包括描述句、觀點句和指示句，描述句是特定情境或狀況的訊息；觀點句是其他人的想法和感覺的訊息；指示句則是在特定情形或狀況下兒童應該要做的事情。Carol Gray 建議社會性故事的每個觀點句或指示句應包括二至五個描述句。以下範例是對一位 ASD 兒童在幼兒園的圓圈時間中應用社會性故事：

我的名字是詹姆士，我喜歡去幼兒園上課。我的老師要求所有小朋友在早上的圓圈時間都坐在地墊上，每個人都有一個方形坐墊，當我的老師說：「現在是圓圈時間！」我就會走去坐在方型坐墊上面，當我坐到坐墊上時，老師會非常高興。在圓圈時間時，老師會問問題、唱歌及說故事，有時候所有兒童都一同參與活動，有時老師會點名兒童來回答問題。在老師叫所有小朋友一起活動時我會加入，當別的小朋友回答問題時我會保持安靜。在圓圈時間中，如果我保持坐在坐墊上、一起參加活動且可以在其他小朋友回答問題時保持安靜，老師就會在圓圈時間結束後給我一張貼紙。圓圈時間很好玩！

社會性故事可以結合不同的教學策略以提升其益處，照顧者和教師可以要求兒童回答故事理解問題和讓兒童參與扮演活動來提升成效（Chan & O'Reilly, 2008），影片示範也可以與社會性故事結合來加強學習成效（Sansosti & Powell-Smith, 2008）。可以使用 PowerPoint 簡報檔加入兒童呈現期待行為的照片及影片，編輯成社會性故事；提示／褪除策略及正增強對於教導社會性故事中的目標行為也相當有成效（Swaggart et al., 1995）。兒童也可以使用自我監測策略來記錄自己的表現是否符合社會性故事的目標行為（Thiemann & Goldstein, 2001）。

○ 預示效應

預示效應（priming）是利用補充訊息來讓兒童可以更有效率的完成任務或活動（Bainbridge & Smith Myles, 1999），訊息可以以口語、圖片、示範、影片示範或書面訊息（兒童具備識字能力）的方式來補充。預示效應可以被用來教導新能力或處理挑戰性行為，舉例來說，照顧者可以先連續多天讓孩子看到照顧者刷牙來教導孩子刷牙；或是處理挑戰性行為，像是當孩子沒有聽到照顧者讀自己想要的書時，會出現哭鬧的行為，照顧者可以在共享式閱讀活動前說：「我們今天要先讀這本書（拿起孩子不喜歡的書），然後再唸這本書（拿起孩子喜歡的書）。」預示效應可以幫助 ASD 及其他障礙類別兒童紓解焦慮。

○ 擴大及替代性溝通策略

有些 ASD 和其他障礙類別兒童需要擴大及替代性溝通（augmentative and alternative communication, AAC）的使用才能與他人溝通，他們多為無口語或口語能力受限。此策略包括使用圖片、符號、手語、手勢，以及聲音輸

出裝置。圖片兌換溝通系統（Picture Exchange Communication System, PECS）便是被廣泛使用的擴大及替代性溝通策略（Bondy & Frost, 2001），教導兒童使用符號進行溝通。很多研究顯示，使用圖片兌換溝通系統可以提升詞彙量以及自發性溝通，有些個案更是提升了功能性的口語能力（Bondy & Frost, 1994; Ganz & Simpson, 2004; Mirenda, 2003; Schwartz, Garfinkle, & Bauer, 1998）。使用圖片兌換溝通系統或是其他圖片符號介入、手語、手勢及聲音輸出裝置，兒童可以學習去要求自己想要的物品、回答問題、做出評語、分享自己的情感，並在日常作息中增加參與程度。

 ## 設計技術性的教學程序

本章中的行為策略可以互相結合而發展技術性的教學策略，來達到特定的目標並增加幼兒在日常作息中的主動參與度。在選擇教學策略時最重要的是，決定目標的重點是能力表現（skill performance）或是能力習得（skill acquisition）——兒童可能有能力但缺少使用動機（能力表現），或是某些能力可能是兒童還做不到，需要提供明確的指示（能力習得）。如果目標是能力表現，你就可以選擇正增強、區辨性增強替代行為、時間延宕、環境安排、跟隨兒童的引導、自我監測以及行為動能。如果目標是能力習得，你就可以選擇提示／褪除程序、嵌入式單一嘗試教學、示範／要求模仿、塑形、後效模仿、平衡輪流、工作分析／行為鏈、影片示範、社會性故事及同儕媒介介入。當然，有些教學策略可以被同時使用在能力表現及能力習得上。

有些教學程序可能只包括一個行為策略，有些則可能包含多個行為策略。表 5.2 提供本章所提到的行為策略列表，並附上簡短的解釋讓服務提供者以及照顧者可以作為發展與執行教學程序的參考資料。另考量到類化性的

成效，這些教學程序最好能夠撰寫下來，以便可以實施在家庭、學校跟社區等情境中。

▶▶ **表 5.2　行為教學策略**

策略	摘要說明
正增強	在兒童做出目標行為之後馬上給予一個後果，希望可以藉以增加這個行為之後發生的機率。
區辨性增強替代行為	忽略兒童的問題行為，同時正增強兒童做出替代性的正向行為。
提示／褪除程序	提供協助讓兒童可以成功回應，而後需要系統化的褪除協助，直到兒童可以獨立完成所期待的目標行為。
塑形	透過正增強接近想要的行為，讓兒童逐步達到目標。
嵌入式單一嘗試教學	提供前事（讓兒童回應或是發起的機會），必要時給予提示，當兒童適當回應時給予正增強。
時間延宕	提供前事（讓兒童回應或是發起的機會），然後在一小段等待時間後提供提示或在等待時間中伴隨期待的表情及肢體語言。
工作分析／行為鏈	將每個任務細分成連續性的步驟，以正向連鎖、反向連鎖，及完整任務演示來逐步教導。
影片示範／影片自我示範	透過觀看同儕或兒童本身影片剪輯的方式來示範目標行為，讓兒童進而學習做出影片中的目標行為。
自我監測	教導兒童使用自我評估工具來監測自己的表現。
行為動能	使用簡單—簡單—困難的連續任務要求，藉此增加兒童的回應動機。
跟隨兒童的引導	加入兒童當下的活動來建立正向的互動。

▶▶ 表 5.2　行為教學策略（續）

策略	摘要說明
環境安排	將想要的物品放在搆不著的地方、給予少量物品、做某件不在預期中的事或減少環境刺激，促使兒童進行溝通及互動。
平衡輪流	用結構性的互動內容來與兒童建立較長的往復互動行為鏈。
示範／要求模仿	示範對兒童所期待的行為，然後提供機會給兒童模仿以及得到立即回饋。
後效模仿	模仿兒童當下的動作進而建立正向互動。
同儕媒介介入	教導一般發展兒童如何使用策略來提升與兒童正向互動。
社會性故事	使用清楚的描述寫出一個短篇故事來教導所期待的目標行為或社交行為。
預示效應	補充訊息來讓兒童可以更有效率的完成任務或活動。
擴大及替代性溝通策略	讓無口語或口語能力受限之兒童有機會使用圖片、符號、手語、手勢或聲音輸出裝置來進行溝通。

　　圖 5.2 是撰寫特定領域目標的 ABA 介入計畫表單，需注意表中可以填寫領域、短期目標和作息作為介入、數據蒐集程序（詳見第 6 章），以及教學程序的目標。這個範本是安德魯介入計畫的起始目標之一。附錄 A 到附錄 F 則包括溝通能力、社交互動能力、獨立遊戲能力、生活自理能力以及認知能力、正向行為的領域特定介入計畫範本。要記住，這些範本就只是範本，主要是提供作為不同的介入計畫範例，即便有些範本看來可適用在相似情況之兒童身上，通常仍需依照兒童及家庭特定的需求進行調整。

｜ABA 教學計畫表單｜

兒童姓名：　安德魯　　　　　　　　　領域：　溝通能力　

短期目標	目標作息
當要從兩個物品中二選一時，安德魯會連續五天藉由用手指物來要求想要的物品。	洗澡、用餐和點心時間、玩玩具

數據蒐集程序：　獨立性程度數據　

數據蒐集程序說明：
4：獨立完成
3：最少提示（將兩個物品放在安德魯面前、使用口語提示、輕拍安德魯的手）
2：中度提示（將一個物品放在安德魯面前、使用示範／要求模仿）
1：最多提示（輕柔的肢體協助）

教學程序：
1. 在安德魯的視線高度呈現兩個他感興趣的物品，提供選擇的機會給他，你可以說：「你想要哪一個？」或是「選一個」，但是必須確定你不會每次說一樣的或者他變得依賴提示。有時並不需口語的提示，只要拿出兩個東西就會讓他試著做出選擇。
2. 如果安德魯指出一個物品，可以給安德魯指出的物品當成**正增強**。
3. 如果安德魯並沒有指出物品，你可以重述要求並使用**時間延宕**（等待時配合期待的眼神／肢體語言），如果他回應時就給予**正增強**。
4. 如果安德魯仍然沒有指出物品，就使用以下從最少到最多提示方法：
   a. 重述要求後將兩個物品放靠近一點，來鼓勵他指出一個物品。
   b. 重述要求及拿出他可能想要的那一個物品靠近一點，另外一個物品就拿退後一點。
   c. 使用**示範／要求模仿**，你先指出一個物品，然後鼓勵安德魯做出相同的動作。
   d. 使用輕柔的肢體協助（例如：輕拍／移動安德魯的手、輕拉著安德魯的手去指物品）。
5. 即使安德魯是在提示下才做出回應，仍提供**正增強**。

圖 5.2　ABA 的教學計畫表單範本（空白表格詳見附錄 G）

目標作息的介入計畫

　　還記得專業團隊不但找出特定領域目標並為其設計橫跨不同日常作息的介入，也會評估特定作息及發展特定作息的目標來提升兒童在作息中的溝通方式、社交互動狀況、獨立性、認知能力表現和正向行為。圖 5.3 提供一個為目標作息設計介入計畫的表單。在第 3 章討論過的生態評估（見第 68 頁，圖 3.12），包括如何指明作息及在溝通方式、社交互動狀況、獨立性、認知能力表現和正向行為的目標，在圖 5.3 中更增列每一個目標的行為策略，為了避免照顧者資訊過度負荷，教學程序並未包含在此表單中；若是寫給服務提供者則可寫上教學程序。另一使用方式是使用第 7 章所提供的示範及教練訓練過程來搭配此表單，協助照顧者執行特定作息的介入，圖 5.3 是安德魯洗澡時間的介入計畫範本，附錄 A 至附錄 F 則提供更多介入計畫的範本，再次提醒，這些介入計畫範本的目的主要是提供多種範例，而不是提供可重製的介入計畫，因為作息特定的介入計畫需依兒童及家長狀況來進行個別化設計。

｜目標作息的介入計畫｜

兒童名字：＿＿＿安德魯＿＿＿　　作息：＿＿＿＿洗澡時間＿＿＿＿

向度	目標	行為策略
溝通方式	1. 當媽媽或姊姊唱歌唱到中間暫停時，安德魯可以進行接唱來參與唱歌活動。	示範／要求模仿 時間延宕 正增強
社交互動狀況	1. 當姊姊伸出手並要求時，安德魯可以分享洗澡玩具給姊姊。 2. 安德魯可以參與跟姊姊玩將玩具藏在水底下，雙方輪流將玩具找出來的互動遊戲。	提示／褪除程序 平衡輪流 正增強
獨立性	1. 安德魯會自己脫衣服。 2. 安德魯會自己洗澡。	工作分析／完整任務演示 正增強
認知能力表現	1. 安德魯會接收性辨識身體部位。	嵌入式單一嘗試教學 正向行為
正向行為	不適用	

圖 5.3　目標作息的介入計畫範本（空白表格詳見附錄 G）

本章總結

　　本章所呈現的行為策略可以被用來教導溝通、社交互動、獨立遊戲、生活自理及認知等能力，並提供表單作為撰寫特定領域 ABA 介入計畫之參考。在發展 ABA 教學程序時，本章的很多策略皆可以結合使用，方可發展出系統化的教學程序，就像圖 5.2 所提供的範本。ABA 教學程序最重要是**概念性**和**技術性**，程序應包括本章所提及的行為策略，並明確清楚的撰寫以確保照顧者可以使用相同的方式執行介入。本章也包括一個撰寫作息介入計畫表單的範本，而附錄則包括更多領域特定及作息特定的介入計畫範本。

數據蒐集與分析

數據蒐集和分析是在自然情境中進行 ABA 介入的要素。透過數據的蒐集和分析，讓團隊可以確定介入是否正向的影響兒童的學習。本章包含了數據蒐集的基本原理、多種數據蒐集方法的說明、數據紀錄表範本、判定精熟度的程序，以及當兒童沒有進步時如何以數據為本位進行決策的方法。

 數據蒐集的基本原理

熟知 ABA 教學程序者都知道數據的蒐集是必要的，但對於數據蒐集的基本原理卻並非全然了解。ABA 介入大多在這樣的情況下被執行——兒童會在他們的家裡、學校或醫療場所中接受一對一的課程。接受 ABA 課程的每一位兒童常常會有一本「書」，這本「書」通常包含了一大疊的數據紀錄表，而且相當大本。有些人並未了解到，數據蒐集不只是蒐集一堆數據紀錄表來證明已經蒐集到數據。事實上，如果沒有用圖表表示及定期分析數據的訊息進而進行教學決定，那麼獲取數據是沒有意義的。

數據的蒐集主要有兩個目的：監控進展及判定精熟度。使用數據蒐集來監控進展是指服務提供者定期的檢視數據，來確定兒童是否獲得足夠的進

步。使用數據蒐集來判定精熟度，則是指服務提供者使用數據以了解何時兒童已達到特定的短期目標。如第 4 章所討論，初始撰寫目標時，即必須包含精熟程度的標準；精熟程度的標準通常也指明了數據蒐集所要使用的方法。例如，如果有一個目標之精熟程度的標準為 80%正確率，則應該要蒐集百分比數據。

當在以照顧者為主要介入提供者的自然情境中執行 ABA 教學程序時，採用的數據蒐集方法對於照顧者必須是要適當且可行。受過訓練的服務提供者可能會使用的數據蒐集方法與照顧者在日常作息中可以使用的數據蒐集方法會有很大的差異。因此，接下來的部分會提供不同數據蒐集方法的說明，這些方法對於在自然情境中執行介入的照顧者來說都是易學易用的。

特定領域目標的數據蒐集程序

不論對於特定領域目標所選擇的數據蒐集方法為何，重要的是將數據以圖表表示，以提供視覺化分析。僅僅蒐集數字和數據紀錄表並沒有辦法將數據簡易的詮釋。當數據以視覺化的方式呈現時，才可以清楚看到進步與否。此方式可以讓你及早做出教學決定以確保兒童獲得足夠的進展。當你與照顧者共同檢視數據時，利用視覺化的方式呈現數據，可以幫助照顧者了解兒童的進步。將數據以圖表表示並不需要花費很多時間。事實上，本章所討論的每個數據蒐集方法皆可以在數秒內改編成基本的圖表。

規律的蒐集數據是很重要的。照顧者無法決定何時方便或何時他們能記得獲取數據。對於某些短期目標，每日蒐集數據是最恰當的；另外有些短期目標則一星期三次的數據蒐集即足夠；甚至有些目標的數據可能只需一星期蒐集一次。數據必須是持續一貫的蒐集，並且連續數週使用相同的數據蒐集

頻率，否則數據可能會有所偏差。例如，如果照顧者隨意的獲取數據，可能會變成只蒐集兒童在表現不佳或極佳時的數據。如果可能的話，照顧者最好能每天獲取數據。當照顧者面對不同的程序並要選用時，慣常的數據蒐集會更為簡易。接下來會詳細討論百分比數據、獨立性程度數據、個別化評分系統、頻率數據，以及是／否數據。

○ 百分比數據

在為 ABA 介入監控進展和判定精熟度時，最常使用的數據蒐集方法為百分比數據（percentage data）。但是在自然情境的脈絡中，百分比數據對於照顧者來說通常並非可行的方式。蒐集百分比數據需要記錄每一次嘗試（trial-by-trial），每一次兒童有機會回應，照顧者都必須要指出兒童的回應是否正確、不正確或需要提示。為了算出正確率百分比，照顧者要將正確回應的次數除以全部回應機會的次數，再乘以 100%。儘管這是最精確、客觀的數據蒐集方法，但是服務提供者無法期望照顧者能以這樣的方式在日常作息中執行介入時蒐集數據。即使對於高度熟練的應用行為分析師來說，在自然情境中執行介入時，要蒐集許多不同目標的百分比數據亦是困難的。即便照顧者或服務提供者可以做到百分比數據的蒐集，但持續的使用數據紀錄表來記錄回應可能會造成介入效果減弱，因為此舉會干擾到與兒童互惠互動的流暢性。

儘管蒐集百分比數據對於照顧者是可行的方法，但某一些目標卻不適用這樣的數據蒐集方法。例如，在許多溝通和社交互動之目標上的進步，不容易透過百分比數據來監控。試想以下的目標：「潔西卡在使用簡單句子要求想要的物品時，能有 80% 的正確率。」由於照顧者無法確知在既定的時間內潔西卡有多少次要求想要物品的機會，百分比數據並非是這個目標最適當的

數據蒐集方法，照顧者無法深入孩子的腦袋中以了解他們實際想要或需要事物的時刻。如果不知道機會的次數，便無法計算正確率百分比。或試想另一個目標：「大衛在 70%的休息時間與同儕共同遊戲。」如果幼兒園教師使用百分比數據來監控這個目標的進步狀況，他們必須要一直掌握大衛在休息時間有多少分鐘與同儕共同遊戲，然後再將記錄的共同遊戲時間除以兒童休息時間的總和。對於幼兒園教師而言，他們也需要在休息時間照顧班上其他的兒童時，這樣的數據蒐集方法難以實行。

雖然百分比數據蒐集有其限制，但這個方法可以用來對一或兩個目標進行進展監控而不造成照顧者的負擔，亦不會對照顧者和兒童間的互動有負向的影響。對於下列目標來說，百分比數據是最佳的選擇：

1. 兒童會接收性辨識主要顏色，從兩個當中辨識，有 100%正確率。

2. 兒童會表達性辨識 0 至 10，有 100%正確率。

3. 兒童會回答有關於書中圖片在字面上的簡單問題，有 80%正確率。

圖 6.1 呈現了正確百分比數據紀錄表，此範本是由安德魯父母所提供。這個數據紀錄表是設計來讓照顧者可以簡單圈選特定日期中的正確率，或可以獲取每一次嘗試的數據。獲取每一次嘗試的數據是指每次兒童有機會回應時，照顧者將正確回應圈選「C」（correct）或對不正確回應圈選「I」（incorrect）。「I」也可以代表兒童未完全回應或需要在提示下回應。正確率是將正確回應次數除以回應機會總次數。為了使數據以視覺化呈現，圈選每一個日期的百分比，並劃線將前後日期的分數連起來。

正確百分比數據紀錄表

兒童姓名：　安德魯

目標：　接受性辨識常見的物品，從兩個當中辨識有 _100%_ 正確率

數據蒐集程序說明：C= 正確回應、I= 不正確回應

嘗試	日期 03/05		日期 03/06		日期 03/07		日期		日期	
10	C / I	100%	C / I	100%	C / I	100%	C / I	100%	C / I	100%
9	C / I	90%	C / I	90%	C / I	90%	C / I	90%	C / I	90%
8	C / I	80%	C / I	80%	C / I	80%	C / I	80%	C / I	80%
7	C / I	70%	C / I	70%	C / I	70%	C / I	70%	C / I	70%
6	C / I	60%	C / I	60%	C / I	60%	C / I	60%	C / I	60%
5	C / I	50%	C / I	50%	C / I	50%	C / I	50%	C / I	50%
4	C / I	40%	C / I	40%	C / I	40%	C / I	40%	C / I	40%
3	C / I	30%	C / I	30%	C / I	30%	C / I	30%	C / I	30%
2	C / I	20%	C / I	20%	C / I	20%	C / I	20%	C / I	20%
1	C / I	10%	C / I	10%	C / I	10%	C / I	10%	C / I	10%

圖 6.1　正確百分比數據紀錄表範本（空白表格詳見附錄 G）

　　雖然數據紀錄表呈現了十個嘗試，但不代表每一次記錄時都必須有十個回應。數據的蒐集是為了計算出百分比，只要將正確回應次數除以回應機會總次數，再乘以 100%即可算出正確百分比。不過，回應機會的次數最少需

要四次，才能獲得足夠的數據以確保回應的一致性。例如，兒童可能在第一、二次正確回應，但第三、四次則否。如果照顧者只取得第一、二次嘗試的數據，兒童可能獲得 100%的正確率。但如果這四次嘗試的回應都被記錄，兒童的正確率則會是 50%。注意數據紀錄表顯示每一格的百分比相差10%（例如 10%、20%、30%）。如果正確率是介於兩個百分比中間（例如33%），則只要將真實的百分比寫在適當的位置（例如將 33%寫在 30%和40%中間），再圈起來。服務提供者和照顧者也可以製作自己的百分比數據紀錄表或使用如 Excel 的軟體來輸入數據及繪製圖表。

百分比數據除了應用於上述類似的目標外，還能有效的運用於教導生活自理能力的工作分析策略中。照顧者指出孩子於任務或作息中獨立完成的步驟及孩子尚需要提示的步驟。接下來照顧者將孩子獨立完成的步驟數除以步驟總數，即能獲得完成任務的百分比。圖 6.2 為應用百分比數據在教導刷牙的範例。如果照顧者想要的話，也可以使用百分比數據記錄表來記錄不同步驟的反應，而不使用像圖 6.2 的表格，以省去將表格的百分比轉換至百分比數據紀錄表的步驟。此表格的一個方便特點是可以讓照顧者指出提示的程度。這可以在任務完成之前便更快速的顯示出進步，因為也許當百分比未見上升時，提示的程度卻可能已經減少了。

兒童姓名： _____

目標： __刷牙__

> **說明：**
> 指出孩子在每一步驟是否獨立完成或需要提示。如果需要提示，指出所使用的提示，是最多、中度或最少的程度。將獨立完成的步驟數除以 10（步驟總數）並乘以 100%，即獲得任務完成的百分比。將得到的百分比分數記錄於百分比數據紀錄表上。

步驟	獨立完成	最少提示	中度提示	最多提示
1. 拿牙刷				
2. 打開水龍頭				
3. 沾濕牙刷				
4. 拿牙膏				
5. 打開牙膏的蓋子				
6. 將牙膏擠到牙刷上面				
7. 刷牙				
8. 漱口				
9. 沖洗牙刷並歸位				
10.將牙膏蓋子蓋上				

圖 6.2　百分比數據蒐集應用於教導刷牙的工作分析

○ 獨立性程度數據

獨立性程度數據（level of independence data）的蒐集是簡單且能有用提供資訊的，並能使用來對許多長短期目標監控進展和記錄精熟度。這個方法必須要設計一個評分系統以指出兒童需要多少的提示來滿足目標的期待。以下的實例為可以運用於獨立性程度數據的一般評分系統：

1. 最多提示（兒童需要大量的協助，且未表現任何的獨立性）
2. 中度提示（兒童需要協助，但已表現出一些獨立性）
3. 最少提示（兒童大部分能獨立，但仍需要少量的協助）
4. 獨立完成（兒童不需要協助就能表現出能力）

當使用這樣的評分系統，照顧者記錄兒童在既定時間內的平均表現。時間的週期可以是一整天、一天中的部分時間或一個特定的作息。使用這個數據蒐集系統，並不需要蒐集每一次的數據，照顧者只需要記錄在既定時間從頭到尾兒童所需要的協助多寡。例如，如果孩子在一天中的大部分時間都需要最多提示，但有少數機會裡孩子只需要中度程度的協助，那麼照顧者應該還是要指明孩子在這天是需要最多提示。如果你不確定要記錄為哪一個提示程度，那最好記錄為較差的程度。這不是表示你對孩子設定了低的期望，而是寧願選擇較差程度，避免過早的中斷了介入。如果照顧者錯將孩子的表現判斷為獨立完成，數據可能會讓服務提供者過早認為目標已經精熟。當這樣的情況發生時，兒童會喪失已習得的能力，因為該能力尚未達到流暢及維持的階段。如果不希望選擇較差的程度，另一個選擇是當兒童的表現介於兩個等級之間時，可以用 1.5、2.5 或 3.5 來記錄。

　　雖然可以運用上述的一般評分系統，但是這樣的等級有時可能會過於主觀。為了強化數據蒐集的客觀性，最好能藉由清楚的範例來定義最多、中度、最少的提示。試想以下的短期目標：「史提芬能獨立使用口語及／或非口語回應同儕和成人的問候。」提示的程度可以用以下的方式定義：

1. 最多提示：需要輕微的肢體協助讓史提芬揮手。
2. 中度提示：需要口語提示，如「說哈囉」或需要示範／要求模仿讓史提芬可以用口語或揮手回應。
3. 最少提示：需要重複問候及／或需要時間延宕。
4. 獨立完成：兒童無須提示即能回應問候。

　　這樣對於每一個獨立程度的描述常能幫助確定數據的蒐集是以有意義的方式進行。如果沒有給予照顧者特定的表現範例，他們可能無法正確的獲取數據。透過特定的範例，照顧者可以更有信心的記錄等級，因為每一個等級都已明確列出所提供的協助類型。

　　圖 6.3 是獨立性程度的數據紀錄表範本。這個紀錄表讓照顧者可以使用獨立性的評分系統蒐集到最多三個不同目標的數據。藉由簡單圈選兒童在每一個目標的獨立性程度評分，並劃線連結先後日期的評分即可製作出數據的圖表。照顧者只需要花費約 10 秒的時間來記錄孩子每一天的獨立性程度數據，或視孩子所訂定目標的多寡略增。

獨立性程度數據紀錄表

兒童姓名：　安德魯

數據蒐集程序說明：1＝最多提示、2＝中度提示、3＝最少提示、4＝獨立完成

目標	日期 10/15	日期 10/16	日期 10/17	日期 10/18	日期 10/19	日期 10/22	日期 10/23	日期
請求協助	4 3 2 ①	4 3 2 ①	4 3 ② 1	4 3 ② 1	4 3 ② 1	4 ③ 2 1	4 ③ 2 1	4 3 2 1
目標	日期	日期	日期	日期	日期	日期	日期	日期
模仿精細動作	4 3 2 ①	4 3 ② 1	4 3 ② 1	4 3 ② 1	4 3 ② 1	4 ③ 2 1	4 3 ② 1	4 3 2 1
目標	日期	日期	日期	日期	日期	日期	日期	日期
	4 3 2 1	4 3 2 1	4 3 2 1	4 3 2 1	4 3 2 1	4 3 2 1	4 3 2 1	4 3 2 1

圖 6.3　獨立性程度數據紀錄表範本（空白表格詳見附錄 G）

◯ 個別化評分系統

　　如果使用獨立性程度評分系統並不適當或無意義，服務提供者也可以發展個別化評分系統（individualized rating system）。同樣的數據紀錄表可以用

來記錄獨立性程度，而以等級代表別的意義。試想這個短期目標：「瑪拉能模仿全部的子音或母音，以說出她想要或看見的物體的第一個音。」注意到這裡以「全部」這個詞來指出精熟程度的標準。如下的個別化評分系統可以用來測量這個目標的進步狀況：

0：瑪拉沒有模仿任何子音或母音。

1：瑪拉模仿很少的子音及母音。

2：瑪拉模仿很多的子音及母音。

3：瑪拉模仿大部分的子音及母音。

4：瑪拉模仿全部的子音及母音。

　　如果你使用上述的評分系統，數據蒐集紀錄表應該包含等級 0 到 4 而非 1 到 4。雖然使用一般的獨立性程度評分系統通常會比較簡單，但還是會有一些短期目標需要更原始的方式來測量進步的狀況。例如這個短期目標：「亞歷克斯能跨家庭或學校的各種情境，回應同儕或成人的遊戲發起。」可能最好能使用包含如下評分等級的個別化評分系統來監控進展：

0：沒有回應任何的遊戲發起。

1：只回應成人的遊戲發起。

2：在特定的活動中回應成人和同儕的遊戲發起。

3：在大部分的活動中回應成人和同儕的遊戲發起。

4：在全部的活動中回應成人和同儕的遊戲發起。

○ 頻率數據

　　對於一些短期目標來說，頻率數據（frequency data）的蒐集是非常適合的，記錄下事情發生的次數。細想以下的短期目標：「布萊恩在學校的每一天最少會與同儕發起遊戲兩次。」對於教師來說，記錄布萊恩與同儕發起遊戲的次數會比計算某些類型的百分比更為簡單。如果精熟程度的標準是數量，通常代表頻率數據是用來監控目標達成進度的最佳方式。圖 6.4 提供了在為安德魯記錄聲音模仿表現的頻率數據紀錄表作為範本。使用頻率數據紀錄表，照顧者可以在兒童每次表現特定行為時就在數字上劃斜線。例如，當布萊恩第一次與同儕發起遊戲時，照顧者或幼兒園教師在數字 1 上劃斜線。之後每一次布萊恩發起遊戲時，照顧者便可以在下一個數字上劃斜線。在既定時間結束後（一整天、上課日、作息），照顧者圈出布萊恩與同儕發起遊戲的總次數。將每一欄圈起來的數字依前後日期用線連接即可製作數據的圖表，以便用於監控進展和判定精熟度。

　　另一個使用頻率數據的方法是將更新物品表（running list）轉換成頻率總數。細想此目標：「潔絲敏能藉由命名物品來要求最少五件不同的偏好物品。」照顧者可以整理一份潔絲敏藉由命名進行要求的物品清單，服務提供者便可藉由記錄清單上物品的總數來將清單上的物品數量呈現在頻率數據紀錄表上。然而，當使用此方法時，建議照顧者在記錄時先將孩子第一次獨立使用的字彙寫在清單上，然後在未來每次孩子再次使用此字彙時，在此字彙旁邊做標記。在孩子最少使用五次前，此字彙不應該包含在頻率總數內，這是為了確保數據呈現一致性的回應，而非只是偶然發生一兩次的回應。

│ 頻率數據紀錄表 │

兒童姓名：　安德魯

目標：　聲音摸仿

	日期 5/01	日期 5/02	日期 5/03	日期 5/04	日期	日期
總計　摸仿聲音	10	10	10	10	10	10
之　總次數	9	9	9	9	9	9
———————	8	8	8	8	8	8
———————	7	7	7	7	7	7
每一　　天	6	6	6	6	6	6
	5	5	5	5	5	5
	4	4	4	4	4	4
	3	3	3	3	3	3
	2	2	2	2	2	2
	1	1	1	1	1	1
	0	0	0	0	0	0

圖 6.4　頻率數據紀錄表範本（空白表格詳見附錄 G）

○ 是／否數據

　　對於一些短期目標，照顧者只需要記錄孩子是否表現出特定的行為，便可使用是／否數據（yes/no data）。細想以下的目標：「傑米在不需提示的情況下，每天早上進教室時能問候至少一位同儕。」對於這個短期目標，幼兒園教師只需要在傑米問候時標示「是」，或在傑米沒有問候、需要提示時標示「否」。以下有一些其他目標可以使用是／否數據來監控進展：

1. 兒童會連續七天在新的食物出現在晚餐餐盤上時，嚐一口新的食物。

2. 兒童會連續兩個星期在汽車移動時，在汽車座椅上保持安全帶繫緊。

3. 兒童會連續五個晚上能睡一整晚而不會醒來走出臥房。

圖 6.5 呈現一個使用是／否數據紀錄表來記錄的範例。照顧者只需要圈選「Y」（是）或「N」（否），並依日期的順序將圓圈劃線連接，便能製作出數據的圖表呈現。

｜是／否數據紀錄表｜

兒童姓名：　安德魯

數據蒐集程序說明：是（Y）＝出現目標行為
　　　　　　　　　否（N）＝沒有出現目標行為

目標	日期 1/10	日期 1/11	日期 1/12	日期 1/13	日期 1/14	日期 1/15	日期 1/16	日期	日期
獨立使用湯匙吃一杯優格	Y Ⓝ	Y Ⓝ	Y Ⓝ	Ⓨ N	Y Ⓝ	Ⓨ N	Ⓨ N	Y N	Y N
在附近散步時能走在媽媽旁邊（不會跑在前面）	Y Ⓝ	Y Ⓝ	Ⓨ N	Ⓨ N	Ⓨ N	Ⓨ N	Ⓨ N	Y N	Y N
	Y N	Y N	Y N	Y N	Y N	Y N	Y N	Y N	Y N
	Y N	Y N	Y N	Y N	Y N	Y N	Y N	Y N	Y N

圖 6.5　是／否數據紀錄表範本（空白表格詳見附錄 G）

選擇數據蒐集的程序

　　運用何種數據蒐集程序於為兒童設定的目標，並沒有既定的準則。但是當在決定如何鼓勵照顧者蒐集數據時，服務提供者可以考慮一些事項。第一個要考慮的是如何陳述精熟程度的標準。如果精熟程度的標準是標示為百分比，那麼就應該使用百分比數據的蒐集。如果標準是標示為兒童能獨立表現出能力（或不需提示），則應該運用獨立性程度數據。如果標準包含對特定的行為期望，個別化評分系統或是／否數據則可能是合適的。如果標準是標示為行為應該在一定的時間內出現特定的次數，則可以使用頻率數據。

　　另一個選擇數據蒐集程序的考量是要能容易使用。既然照顧者是負責蒐集數據的人，蒐集數據的方法應該能與照顧者一整天內所負擔的責任相容。獨立性程度數據可能是照顧者蒐集有意義數據時，最簡單和最快速的方法。在初期決定每一個目標在獨立性程度的評分等級內容的確需要花時間，但之後只需要在每天結束時針對每一個目標圈選其獨立程度等級來監控進展。個別化評分系統和是／否數據對於照顧者在使用上也是相當簡單的。頻率數據可能會較為具挑戰性，而且如前所述，對於持續性的數據要蒐集百分比數據通常最困難。但當偏好使用百分比數據時，數據可以一星期或兩星期蒐集一次，不要採用每天蒐集以減少照顧者的負擔。

　　選擇數據蒐集程序最後一項需要考量的，是你規劃如何教導能力。例如，如果使用提示／褪除程序來教導能力，運用獨立性程度數據蒐集會極富意義，因為照顧者記錄了需要多少的提示。如果是運用工作分析來教導能力，照顧者可以獲取兒童獨立完成的步驟數除以步驟總數，來獲得百分比數據。最後，對於任何目標都有許多的選擇能得到有意義的數據，團隊應該選擇可以顯示進展並讓照顧者容易使用的方法。

判定精熟度

第 4 章討論了短期目標的撰寫，撰寫時包含了精熟程度的標準。透過蒐集數據可以讓服務提供者決定何時達到精熟。兒童要多久能表現出某些能力才算是精熟，並沒有一定規則。精熟程度的標準可能要視數據蒐集的頻繁程度而定。如果數據是每天蒐集，在指出已精熟短期目標前，數據最好能呈現連續五天都達到精熟的程度。當目標是在幼兒園執行介入時，兒童常常能在星期三、四、五達到精熟，因為他們在星期一、二學習了特定的能力，但在過完一個週末回到學校後，就無法達到精熟的程度。因此，等待連續五天的精熟表現是為了確保兒童在一個週末後仍能維持能力。另一方面，如果數據無法每天蒐集，用連續五天的數據來判定精熟度則不適當。如果數據是一星期蒐集三次，精熟度可以以兒童在連續三個數據點獨立表現能力而定。如果數據是每週蒐集，最適合指出精熟的時機則為連續四週兒童表現出期望的行為時。團隊可自行決定精熟程度的標準為何，但重要的是要確認沒有過早指出已達精熟，因為兒童可能還沒有全然學習到預期的能力，且可能仍然需要明確的教學和進展的監控。

 ## 對於缺乏進展的回應

請記得 ABA 的向度之一為介入必須要具**有效性**（詳見第 2 章），這是指兒童未能進步時，應該要進行改變；也需要記得數據蒐集的主要目的是為了監控進展以使服務提供者能進行教學決定。如果無法進步，必須要做一些事來處理此問題。如果兒童未能進步，許多服務提供者會立即認為應該要改變教學程序，但在做出此假設前，最好能先思考以下的問題：

- 程序是否正確的執行？
- 數據是否適當的蒐集？
- 數據蒐集程序是否需要改變？
- 教學程序是否需要改變或修改？
- 目標是否需要改變或修改？

　　執行 ABA 介入的程序應該要有技術性，意即當在教導能力時，會有書面的程序而有所依循。如果兒童無法有所進步，重要的是要先確定程序是否真如計畫的方式執行。如果答案為否定的，照顧者可能需要更多服務提供者的支持以學習如何執行教學程序。

　　如果確定教學程序的執行正確，下一步則是確認數據是否適當的蒐集。有時候看起來沒有達到進步，但事實上只是照顧者沒有一致的或正確的蒐集數據。如果數據已正確的蒐集，照顧者卻提出這樣的言論：「我知道我的孩子有進步，但數據卻沒有顯示出改善。」則數據蒐集的方法可能需要改變。例如，如果是使用百分比數據且兒童持續得到 0%、似乎沒有任何的進步時，那麼改換成獨立性程度數據的蒐集，也許可以幫助呈現兒童是否學到更為獨立的表現行為及需要照顧者較少的協助。

　　如果數據蒐集不是問題所在，下一步則是決定教學程序是否應該改變或修改。在教導能力上沒有一個既定的方式，因此如果程序不適用時，你可以設計一套不同的教學程序。但切記教學程序仍然必須要是**概念性**且利用行為的原則。如果在教學程序已多次改變後還是無法有所進步，可能要考慮改變或修改目標。也許目標對於兒童而言並非發展適切的，因而必須要先教導兒童某些先備能力。

特定作息介入的數據蒐集程序

特定作息目標的數據蒐集與特定領域目標的數據蒐集方法不同，要評量兒童在特定作息的進展，早期療育服務提供者會在整個介入過程中反覆的針對目標作息進行生態評估，以評量兒童的成長（詳見第 68 頁，圖 3.12）。生態評估可以每個月、兩個月或甚至一週一次，視團隊的偏好而定。每次進行生態評估時，早期療育服務提供者會決定是否需要設定新的目標，並／或使用不同的行為策略。

本章總結

數據蒐集和分析讓服務提供者能監控進展和判定精熟度。藉由本章所討論的數據蒐集方法，照顧者可以更輕易的記錄兒童的表現，讓服務提供者能進行以數據為本位的教學決定。

全盤整合

現在要將本書所有討論過的觀點做一綜合說明。我們將提供專業團隊中的個別成員關於評估、設定目標、設計介入、在日常作息中執行介入以及評量兒童進展等的建議。本書提出許多不同評估工具和介入計畫的選擇，而有些團隊可能會對這些感到負荷過重。因此，本章會用不同的描述方式讓團隊可以運用本書的資訊來配合他們的需求。本章也討論了在自然情境中運用ABA介入之外，是否應該對某些兒童進行一對一的ABA治療。

 團隊成員的角色

雖然早期療育團隊也許會使用不同的方法調整團隊中的角色，本章能提供一些調整角色的通則，當團隊發展之 ABA 介入應用在日常作息中。**早期療育服務提供者**這一專業名詞可以用來代表可能在這個過程中成為主要服務提供者的任何一位專業人員。此位專業人員也許是一位特殊教育教師、一位語言治療師、一位職能或物理治療師、一位服務協調員，或者是一位有證照的應用行為分析師（BCBA）。理想上，這位主要服務提供者應該是有證照的應用行為分析師或者至少是一位在設計和執行 ABA 介入上有經過廣泛訓

練和經驗的專業人員。如果這位主要的服務提供者不夠熟習 ABA 介入，那我們會建議可以請一位應用行為分析師在整個過程中提供督導和支持。而在本章中將提到的其他團隊成員包含照顧者（也可以包括家庭成員和幼兒園教師）和相關服務的提供者。

○ 在評估過程中的角色

在評估過程中，早期療育服務提供者就好比是位協助者，要協助其他團隊成員獲取有關於這位兒童的優勢和興趣，及在溝通能力、社交互動能力、獨立遊戲能力、生活自理能力及／或認知能力等現況能力、挑戰性行為和日常作息的參與（詳見第 3 章）。兒童的照顧者應該要積極參與這個過程，這樣可以盡量為早期療育服務提供者提供更多這位兒童特定的資訊。早期療育服務提供者能進行照顧者的訪談，以及直接觀察這位兒童在自然情境中與照顧者互動的行為。

如果這位兒童已經到幼兒園上學了，那麼幼兒園的帶班老師也應該有機會和早期療育服務提供者分享相關訊息，然後早期療育服務提供者應該要在幼兒園中進行觀察。其他相關的服務提供者，像是語言治療師、職能治療師和物理治療師也應該要包含在評估的過程中，在各自專業領域上為早期療育服務提供者提供有關這位兒童現況能力表現的相關資訊。這些專業人員可以參與早期療育服務提供者的訪談和直接觀察，也可以提供獨立評估的書面報告。

早期療育服務提供者要負責摘要所有透過訪談、直接觀察和書面報告所獲得的資訊，並且將結果分享給整個專業團隊。一旦分享了評估資料，早期療育服務提供者便應該要詢問照顧者以確認他們對於兒童的優先考量。

○ 在目標設定時的角色

早期療育服務提供者應該要協助目標設定的過程。早期療育服務提供者可以運用所獲得的評估資訊和照顧者所確認的優先考量，為團隊建議特定領域的目標。這些目標應該要使用在第 4 章所提到的標準來撰寫，並且所有專業團隊成員都應該要有機會去檢視所建議的目標，並且可以提出修改或增加。一旦這些目標已經被大家所認可，便應該由照顧者選擇他們最先想要處理的目標。

當要為特定作息設定目標時，早期療育服務提供者應該要偕同照顧者一起進行。這最好能在評估完一個特定作息之後立即完成，早期療育服務提供者應該要摘要這位兒童在作息中的參與現況，可以詢問照顧者要增加這位兒童對作息的參與、社交互動以及獨立性的可能目標有哪些，然後可以進一步請照顧者建議任何能在作息中聚焦的目標。照顧者接下來應該要針對他們所選的目標作息找出一個想要努力與聚焦的目標。

○ 在設計 ABA 介入教學時的角色

早期療育服務提供者應該為主要負責設計特定領域和特定作息的 ABA 介入計畫的人員。就像是前述所言，如果早期療育服務提供者不是一位應用行為分析師，那麼我們會建議這個介入計畫應該要和某位應用行為分析師一起共同設計完成。雖然早期療育服務提供者負責設計介入計畫，在適當時候照顧者和幼兒園教師應該要盡可能參與策略的選擇。通常設計介入計畫時會有很多不同的可能性，每位將要執行這個介入計畫的人員都應該要能接受所選擇的程序。

○ 在執行過程中的角色

照顧者將成為在自然情境中執行 ABA 介入的主要負責人。然而，早期療育服務提供者應該要提供訓練（training）並示範（modeling）如何實施這些介入，以及提供教練訓練（coaching）來支持照顧者學習如何在他們的日常作息中執行這些介入。

訓練

建議早期療育服務提供者在照顧者開始執行 ABA 介入前就要進行訓練。這個訓練可以／應該要是目標特定的。雖然提供 ABA 教學策略的概覽有幫助，但是照顧者和教師主要還是要從早期療育服務提供者那裡接受到有關於如何針對特定目標而使用策略的特定訓練。在訓練的過程中，早期療育服務提供者應該要提供一份書面的介入計畫（詳見第 5 章），描述明確的介入細節、示範如何實施介入，以及提供照顧者演示如何實施介入的機會，並從介入提供者得到立即的回饋。

示範

當照顧者接受了一個特定 ABA 介入的訓練之後，早期療育服務提供者應該要示範如何在自然情境的實際目標作息中，為兒童實施介入。照顧者將早期療育服務提供者所示範的介入動作錄影起來是很有幫助的，如此一來，當他們有需要的時候，就可以時常複習這些程序。在自然情境中示範過介入的執行之後，早期療育服務提供者應該要摘要剛剛的示範、提供實際作息的特定範例，並且要有讓照顧者詢問這些程序相關問題的機會。

教練訓練

當早期療育服務提供者示範過 ABA 介入之後，照顧者應該要有立即實施介入的機會，並能接受早期療育服務提供者的回饋和支持。許多早期療育服務提供者也許會覺得他們剛剛已經給照顧者看過要做什麼，照顧者應該知道該如何去做。但這並不是那麼簡單，早期療育服務提供者已經接受過教育、訓練和實施 ABA 介入的經驗，但是照顧者幾乎都沒有接受過。對於早期療育服務提供者而言很簡單的事也許對於照顧者而言很困難。因此，早期療育服務提供者應該要透過這些學習的過程以教練訓練來支持照顧者如何執行這個介入，讓他們有時間去練習執行這個介入，也好讓早期療育服務提供者能夠立即告訴他們哪裡做對了，哪裡又是下次應該調整的地方。在他們能於教練訓練課程中向早期療育服務提供者展示熟練的能力之前，不應該期待照顧者去實施任何介入。

當照顧者可以在他們日常作息中實施介入後，亦不能中止教練訓練。早期療育服務提供者應該要對整個實施過程進行持續的教練訓練。透過定期的直接觀察，可以讓照顧者有機會從早期療育服務提供者那裡獲得回饋來持續進行教練訓練。教練訓練也可以藉由影片回顧討論的方式來進行（Leach & LaRocque, 2011）。當使用影片回顧討論時，讓照顧者錄下他們在日常作息中自己實施介入時的情形。當早期療育服務提供者和照顧者見面時，他們可以一起回顧這些影片並討論，早期療育服務提供者應該要讓照顧者指出他們認為最有效的程序以及任何他們覺得沒有用的策略。當照顧者在反映他們實施的介入時，早期療育服務提供者應該要提供回饋給照顧者，告訴他們做得很好的地方以及他們下次可以改善的地方。即使他們不能親自出現在作息裡，影片回顧討論也可以讓早期療育服務提供者給予照顧者一個支持的機會。這也是在讓照顧者藉由從早期療育服務提供者的支持來反省自己所練習的表現

時，一個很好的方式。

○ 在進展評估時的角色

當設計介入時，早期療育服務提供者選擇所有特定領域目標的數據蒐集程序以用於監控兒童的進展（見第 6 章）。所選擇的程序應該盡量簡單以便照顧者在他們日常作息的情境中使用。早期療育服務提供者應該要很清楚的向照顧者說明如何蒐集每一個目標的數據，並且應該提供照顧者所需的數據紀錄表。最好給照顧者一個資料夾，內含評估資料、特定領域目標的清單、特定領域目標的 ABA 介入計畫以及數據紀錄表，以用於記錄特定領域目標的行為。當照顧者學習一項新的介入方法時，早期療育服務提供者也許不用馬上讓照顧者蒐集數據，而是等到照顧者不會因為學習此新的介入方法而感到負荷過重時再來蒐集。早期療育服務提供者可以建議照顧者每日、兩週一次或者每週蒐集數據，這主要取決於所擬定的目標以及照顧者的意願和持續蒐集數據的能力。早期療育服務提供者也可以趁家訪時蒐集數據，以補充照顧者所蒐集的數據。早期療育服務提供者應該要持續檢視數據，以便於做出教學決策並確認目標在何時已達到精熟。

運用本書資訊的多元選擇

在理想情況下，專業團隊應該要透過本書所提供的所有評估和介入程序，發展自然情境中的密集 ABA 介入方案以符合 ASD 和其他障礙類別幼兒的需求。然而，由於時間有限、訓練和經驗的關係，這麼做也許對某些團隊來說是負荷過重的。因此，團隊也許決定只要針對特定領域目標進行評估和規劃，或者只針對特定作息目標進行評估和規劃。如果有這樣的情形發生，

很重要的是要記得國家研究會議（NRC, 2001）所建議——ASD 兒童每週至少接受 25 小時的介入。這項建議內容可以作為團隊要達成的終極目標，但是這仍可能會需要花時間建立照顧者為兒童每週實施密集性介入的能力。

○ 只進行特定領域評估和目標設定

團隊也許選擇只進行特定領域的評估和設定特定領域的目標，而不去評估日常作息和擬定特定作息的目標。所設計的介入當然仍是在日常作息中實施。另外，團隊也可能選擇只評估一項或兩項特定的領域，而非評估所有領域。在某些情況中，團隊會選擇剛開始只針對一項目標進行評估和設計介入，因為他們覺得這是照顧者在初期學習日常作息中執行 ABA 介入所能應付的極限。

○ 只進行作息的生態評估

團隊也許會選擇只評估特定的作息並且設定特定作息的目標，而不進行特定領域評估以及擬定特定領域目標。這可能對於障礙和遲緩程度不嚴重的兒童較為適合，他們不一定需要很密集的介入。這個選項對於 ASD 兒童較不建議，因為他們在社交互動和溝通領域都有特定能力需要在他們的日常生活中設計大量密集的介入。也許團隊選擇剛開始只針對一項作息進行評估和設計介入，直到他們覺得照顧者可以應付而且越來越習慣在日常作息中執行 ABA 介入。

關於一對一應用行為分析治療

　　本書主要強調設計在日常作息中執行的 ABA 介入。也許團隊會質疑在自然情境中的 ABA 介入對於 ASD 或其他障礙類別兒童而言是否足夠。雖然這個問題沒有確切的答案，但是如果問題浮現，還是有很多需要考慮的地方。首先，最好能從自然情境的 ABA 介入開始，但是如果沒有看到兒童因此而獲得顯著效益，那也許就要考慮是否應該需要增加一對一的 ABA 治療。當能夠在自然情境中的介入有看到兒童足夠的進步，那就沒有理由將兒童從自然情境移到一對一的治療情境中。第 1 章討論到 ASD 兒童的不同困難類型，有些兒童有嚴重的溝通損傷、社交互動損傷、認知損傷、注意力相關的困難，及／或有焦慮情形，也許需要一些一對一的 ABA 介入，以建構他們在自然情境介入（NEI）中獲得所需要的能力。如果這個團隊認為必須要有一些一對一的 ABA 介入，Travis Thompson 的《幼兒的個別化自閉症介入：融入單一嘗試以及自然情境的策略》（2011），可以和本書合併使用，以協助團隊發展出一個可以融合一對一介入和作息本位的早期療育方案。

　　再來，如果因為缺乏學習效益或兒童個別困難類型，使得有些一對一 ABA 介入被認為是需要的，那麼最好能將自然情境的 ABA 介入視為主要的介入，而將一對一介入視為補充的介入。許多專業人員和照顧者將一對一 ABA 介入視為主要的介入，而將任何照顧者所實施的介入都視為補充的性質，但是這樣對於家庭而言反而會幫倒忙。早期療育主要是要協助照顧者在符合他們孩子的需求時，能感到有能力和自信。如果照顧者對於要符合他們孩子的需求感到無力，而把外來的 ABA 介入提供者視為介入的唯一來源，ABA 介入的成效便很有限，唯有照顧者學會如何改變與他們孩子的互動方式，才能有助於提升孩子的發展，使 ABA 介入的成效更為長遠且更為顯

著。照顧者是兒童生活中唯一不變的，早期療育服務提供者的責任是要教導照顧者如何在生活中支持兒童的學習。最後，如果照顧者不願意或不能夠在自然情境中執行 ABA 介入，一對一的 ABA 介入也許就成為必須了。在不得已的情況下，一對一 ABA 介入比沒有 ABA 介入要來得好。

本章總結

　　本章討論團隊成員在評估、設定目標、設計介入以及評估兒童進展時應該扮演的不同角色。也敘述運用這本書資訊的不同選項，以免團隊會因為這些可用的所有評估工具以及介入方法和程序而感到負荷過重。最後，這一章歸納出在某些情況下，團隊應該要同時考慮一對一 ABA 介入和在自然情境下的 ABA 介入的結論。在結論中，很重要的是團隊要記得所有幼兒在自然發生的每日作息中的學習是最好的，為了要完全參與在每日作息並獲得顯著的發展效益，ASD 和其他障礙類別兒童通常都需要密集的介入，而 ABA 介入具有一個紮實的研究基礎，可以使用在對 ASD 和其他障礙類別幼兒實施的自然情境介入中。

參考文獻

American Psychiatric Association. (2000). *Diagnostic and statistical manual of mental disorders* (4th ed., text rev.). Washington, DC.

Atkins-Burnett, S., & Allen-Meares, P. (2000). Infants and toddlers with disabilities: Relationship-based approaches. *Social Work, 45*(4), 371–380.

Baer, D.M., Wolf, M.M., & Risley, T.F. (1968). Some current dimensions of applied behavior analysis. *Journal of Applied Behavior Analysis, 1,* 91–97.

Baer, D.M., Wolf, M.M., & Risley, T.F. (1987). Some still-current dimensions of applied behavior analysis. *Journal of Applied Behavior Analysis, 20,* 313–327.

Bailey, J.S., & Burch, M.R. (2002). *Research methods in applied behavior analysis.* Thousand Oaks, CA: Sage Publications.

Bailey, J.S., & Burch, M.R. (2011). *Ethics for behavior analysts: Second expanded edition.* New York, NY: Routledge.

Bainbridge, N., & Smith Myles, B. (1999). The use of priming to introduce toilet training to a child with autism. *Focus on Autism and Other Developmental Disabilities, 14*(2), 106–109.

Baldwin, D.A. (1995). Understanding the link between joint attention and language. In C. Moore & P.J. Dunham (Eds.), *Joint attention: Its origins and role in development* (pp. 131–158). Hillsdale, NJ: Erlbaum.

Bayley, N. (2005). *Bayley Scales of Infant and Toddler Development, Third Edition* (Bayley-

III). San Antonio, TX: Pearson.

Bellini, S. (2006). *Building social relationships: A systematic approach to teaching social interaction skills to children and adolescents with autism spectrum disorders and other social difficulties.* Shawnee Mission, KS: Autism Asperger Publishing.

Bellini, S., Akullian, J., & Hopf, A. (2007). Increasing social engagement in young children with autism spectrum disorders using video self-modeling. *School Psychology Review, 36*(1), 80–90.

Bondy, A., & Frost, L. (1994). The Picture Exchange Communication System. *Focus on Autistic Behavior, 9*(3), 1–19.

Bondy, A., & Frost, L. (2001). The Picture Exchange Communication System. *Behavior Modification, 25*(5), 725–744.

Boulware, G., Schwartz, I., Sandall, S., & McBride, B. (2006). Project DATA for toddlers: An inclusive approach to very young children with autism spectrum disorder. *Topics in Early Childhood Special Education, 26*(2), 94–105.

Bricker, D. (2001). The natural environment: A useful construct? *Infants and Young Children, 13*(4), 21–31.

Brigance, A.I. (2004). *Brigance Inventory of Early Development II* (IED II). Curriculum Associates.

Browder, D.M. (1987). *Assessment of individuals with severe handicaps.* Baltimore, MD: Paul H. Brookes Publishing Co.

Buffington, D.M., Krantz, P.J., McClannahan, L.E., & Poulson, C.L. (1998). Procedures for teaching appropriate gestural communication skills to children with autism. *Journal of Autism and Developmental Disorders, 28*(6), 535–545.

Cautilli, J., & Dziewolska, H. (2005). Brief report: Can contingent imitation reinforce trunk lifting in a three-month-old infant? *The Behavior Analyst Today, 6*(4), 229–230.

Chai, A.Y., Zhang, C., & Bisberg, M. (2006). Rethinking natural environment practice: Implications from examining various interpretations and approaches. *Early Childhood Education Journal, 34*(3), 203–208.

Chan, J.M., & O'Reilly, M.F. (2008). A Social Stories™ intervention package for students with autism in inclusive classroom settings. *Journal of Applied Behavior Analysis, 41*(3), 405–409.

Constantino, J.N., Davis, S.A., Todd, R.D., Schindler, M.K., Gross, M.M., Brophy, S.L., . . . Reich, W. (2003). Validation of a brief quantitative measure of autistic traits: Comparison of the Social Responsiveness Scale with the Autism Diagnostic Interview-Revised. *Journal of Autism & Developmental Disorders, 33*(4), 427–433.

Constantino, J.N., & Gruber, C.P. (2005). *Social Responsiveness Scale* (SRS). Torrance, CA: Western Psychological Services.

Cooper, J.O., Heron, T.E., & Heward, W.L. (2007). *Applied behavior analysis.* Englewood Cliffs, NJ: Prentice Hall.

Coyle, C., & Cole, P. (2004). A videotaped self-modeling and self-monitoring treatment program to treat off-task behavior in children with autism. *Journal of Intellectual and Developmental Disability, 29*(1), 3–15.

Davis, C.A., Brady, M.P., Hamilton, R., Mc-Evoy, M.A., & Williams, R.E. (1994). Effects of high-probability requests on the social interactions of young children with severe disabilities. *Journal of Applied Behavior Analysis, 27,* 619–637.

Dipipi, C.M., Jitendra, A.K., & Miller, J.A. (2001). Reducing repetitive speech: Effects of strategy instruction. *Preventing School Failure, 45*(4), 177–181.

DiSalvo, C.A., & Oswald, D.P. (2002). Peer-mediated interventions to increase the social interaction of children with autism: Consideration of peer expectancies. *Focus on Autism and Other Developmental Disabilities, 17*(4), 198–207.

Dowrick, P. (1999). A review of self-modeling and related interventions. *Applied and Preventive Psych, 8,* 23–39.

Dunst, C.J., Hamby, D., Trivette, C.M., Raab, M., & Bruder, M.B. (2000). Everyday family and community life and children's naturally occurring learning opportunities. *Journal of Early Intervention, 23*, 151–164.

Dunst, C.J., & Trivette, C.M. (2001). *Parenting supports and resources, helpgiving practices, and parenting competence.* Asheville, NC: Winterberry Press.

Dunst, C.J., Trivette, C.M., & Masiello, T. (2011). Exploratory investigation of the effects of interest-based learning on the development of young children with autism. *Autism: The International Journal of Research & Practice, 15*(3), 295–305.

Ganz, J. (2008). Self-monitoring across age and ability levels: Teaching students to implement their own positive behavioral interventions. *Preventing School Failure, 53*(1), 39–48.

Ganz, J.B., & Simpson, R.L. (2004). Effects on communicative requesting and speech development of the picture exchange communication system in children with characteristics of autism. *Journal of Autism and Developmental Disorders, 34*(4), 395–409.

Gazdag, G., & Warren, S.F. (2000). Effects of adult contingent imitation on development of young children's vocal imitation. *Journal of Early Intervention, 23*, 24–35.

Gray, C.A., & Garand, J.D. (1993). Social Stories: Improving responses of students with autism with accurate social information. *Focus on Autistic Behavior, 8,* 1–10.

Greenspan, S.I., & Weider, S. (1998). *The child with special needs: Encouraging intellectual and emotional growth.* Reading, MA: Addison-Wesley.

Gresham, F.M., & MacMillan, D.L. (1998). Early intervention projects: Can its claims be substantiated and its effects replicated? *Journal of Autism and Developmental Disorders, 28,* 5–13.

Gutstein, S.E., Burgess, A.F., & Montfort, K. (2007). Evaluation of the Relationship Development Intervention program. *Autism: The International Journal of Research and Practice, 11*(5), 397–411.

Halle, J.W., Marshall, A.M., & Spradlin, J.E. (1979). Time delay: A technique to increase language use and facilitate generalization in retarded children. *Journal of Applied Behavior Analysis, 14,* 389–409.

Haney, M., & Cavallaro, C.C. (1996). Using ecological assessment in daily program planning for children with disabilities in typical preschool settings. *Topics in Early Childhood Special Education, 16,* 66–81.

Hart, B.M., & Risley, T.R. (1975). Incidental teaching of language in preschool. *Journal of Applied Behavior Analysis, 8,* 411–420.

Hresko, W.P., Peak, P.K., Herron, S.R., & Bridges, D.L. (2000). *Young Children's Achievement Test* (YCAT). Torrance, CA: Western Psychological Services.

Individuals with Disabilities Education Improvement Act (IDEIA) of 2004, PL 108-446, 20 U.S.C. §§ 1400 et seq.

Jones, E.A., & Carr, E.G. (2004). Joint attention in children with autism: Theory and intervention. *Focus on Autism & Other Developmental Disabilities, 19,* 13–26.

Jung, S., Sainato, D.M., & Davis, C.A. (2008). Using high-probability request sequences to increase social interactions in young children with autism. *Journal of Early Intervention, 30*(3), 163–187.

Kashinath, S., Woods, J., & Goldstein, H. (2006). Enhancing generalized teaching strategy use in daily routines by parents of children with autism. *Journal of Speech, Language & Hearing Research, 49*(3), 466–485.

Kates-McElrath, K., & Axelrod, S. (2006). Behavioral intervention for autism: A distinction between two behavior analytic approaches. *The Behavior Analyst Today, 7*(2), 242–252.

Koegel, L.K., & Koegel, R.L. (1995). Motivating communication in children with autism. In E. Schopler & G.B. Mesibov (Eds.), *Learning and cognition in autism* (pp. 73–87). New York, NY: Kluwer Academic/Plenum Publishers.

Koegel, L.K., Koegel, R.L., Harrower, J.K., & Carter, C.M. (1999). Pivotal Response Intervention I: Overview of approach. *Journal of Applied Behavior Analysis, 25,* 341–354.

Koegel, L.K., Koegel, R.L., Hurley, C., & Frea, W.D. (1992). Improving social skills and disruptive behavior in children with autism through self-management. *Journal of Applied Behavior Analysis, 25*, 341–353.

Koegel, R.L., & Koegel, L.K. (2006). *Pivotal Response Treatments for autism: Communication, social and academic achievement.* Baltimore: Paul H. Brookes Publishing Co.

Layer, S.A., Hanley, G.P., Heal, N.A., & Tiger, J.H. (2008). Determining individual preschoolers' preferences in a group arrangement. *Journal of Applied Behavior Analysis, 41,* 25–37.

Leach, D., & LaRocque, M. (2011). Increasing social reciprocity of young children with autism. *Intervention in School and Clinic, 46,* 150–156.

Lovaas, O.I. (1987). Behavioral treatment and normal educational and intellectual functioning in young autistic children. *Journal of Counseling and Clinical Psychology, 55,* 3–9.

Lovaas, O.I. (2003). *Teaching individuals with developmental delays: Basic intervention techniques.* Austin, TX: Pro-Ed, Inc.

Lovaas, O.I., Ackerman, A., Alexander, D., Firestone, P., Perkins, J., & Young, D. (1981). *Teaching developmentally disabled children: The ME book.* Austin, TX: Pro-Ed, Inc.

MacDonald, J.D., & Carroll, J.Y. (1992). A social partnership model for assessing early communication development: An intervention model for preconversational children. *Language, Speech, and Hearing Services in Schools, 23,* 113–124.

MacDonald, R., Anderson, J., Dube, W.V., Geckeler, A., Green, G., Holcomb, W., et al. (2006). Behavioral assessment of joint attention: A methodological report. *Research in Developmental Disabilities, 27,* 138–150.

Mace, F.C., & Belfiore, P. (1990). Behavioral momentum in the treatment of escape-motivated stereotypy. *Journal of Applied Behavior Analysis, 23,* 507–514.

Maurice, C., Green, G., & Luce, S. (Eds.) (1996). *Behavioral intervention for young children with autism: A manual for parents and professionals.* Austin, TX: Pro-Ed, Inc.

McBride, B.J., & Schwartz, I.S. (2003). Effects of teaching early interventionists to use discrete trials during ongoing classroom activities. *Topics in Early Childhood Special Education, 23*(1), 5–17.

McGee, G.G., Almeida, M.C., Sulzer-Azaroff, B., & Feldman, R.S. (1992). Promoting reciprocal interactions via peer incidental teaching. *Journal of Applied Behavior Analysis, 25*(1), 117–126.

McGee, G.G., Krantz. P.J., & McClannahan. L.E. (1985). The facilitative effects of incidental teaching on preposition use by autistic children. *Journal of Applied Behavior Analysis, 18*, 17–31.

McGee, G.G., Morrier, M.J., & Daly, T. (1999). An incidental teaching approach to early intervention for toddlers with autism. *Journal of the Association for Persons with Severe Handicaps, 24*, 133–146.

McWilliam, R.A. (2010). *Routines-based early intervention: Supporting young children and their families.* Baltimore, MD: Paul H. Brookes Publishing Co.

McWilliam, R.A., Casey, A.M., & Sims, J. (2009). The routines-based interview: A method for gathering information and assessing needs. *Infants and Young Children, 22*, 224–233.

Mirenda, P. (2003). Toward functional augmentative and alternative communication for students with autism: Manual signs, graphic symbols, and voice output communication aids. *Language, Speech, and Hearing Services in Schools, 34,* 203–216.

Morrison, L., Kamps, D., Garcia, J., & Parker, D. (2001). Peer mediation and monitoring strategies to improve initiations and social skills for students with autism. *Journal of Positive Behavior Interventions, 3*(4), 237–250.

Mundy, P. (1995). Joint attention and social-emotional approach behavior in children with autism. *Development and Psychopathology, 7*, 63–82.

Mundy, P., Sigman, M., & Kasari, C. (1990). A longitudinal study of joint attention and language development in autistic children. *Journal of Autism and Developmental Disorders, 20,* 115–128.

National Association for the Education of Young Children (NAEYC). (2012). The core of DAP. Retrieved from www.naeyc.org/dap/core

National Research Council, Committee on Educational Interventions for Children with Autism. (2001). *Educating children with autism.* Washington, DC: National Academy Press.

Partington, J.W. (2007) *The Assessment of Basic Language and Learning Skills-Revised* (ABLLS-R). Walnut Creek, CA: The Behavior Analysts.

Pierce, K., & Schreibman, L. (1994). Teaching daily living skills to children with autism in unsupervised settings through pictorial self-management. *Journal of Applied Behavior Analysis, 27*(3), 471–481.

Pierce, K., & Schreibman, L. (1995). Increasing complex social behaviors in children with autism: Effects of peer-implemented pivotal response training. *Journal of Applied Behavior Analysis, 28*(3), 285–295.

Pierce, K., & Schreibman, L. (1997). Multiple peer use of pivotal response training to increase social behaviors of classmates with autism: Results from trained and untrained peers. *Journal of Applied Behavior Analysis, 30*(1), 157–160.

Pretti-Frontczak, K., & Bricker, D. (2004). *An activity-based approach to early intervention* (3rd ed.). Baltimore, MD: Paul H. Brookes Publishing Co.

Prizant, B.M., Wetherby, A.M., Rubin, E., Laurent, A.C., & Rydell, P.J. (2006). *The SCERTS® model: A comprehensive educational approach for children with autism spectrum disorders.* Baltimore, MD: Paul H. Brookes Publishing Co.

Quill, K.A. (2000). *Do-watch-listen-say: Social and communication intervention for children with autism.* Baltimore: Paul H. Brookes Publishing Co.

Robertson, J., Green, K., Alper, S., Schloss, P.J., & Kohler, F. (2003). Using a peer-mediated intervention to facilitate children's participation in inclusive childcare activities. *Education & Treatment of Children, 26*(2), 182–197.

Rogers, S.J., & Dawson, G. (2010). *Early start Denver model for young children with autism: Promoting language, learning, and engagement.* New York: Guilford.

Rush, D.D., Shelden, M.L., & Hanft, B.E. (2003). Coaching families and colleagues: A process for collaboration in natural settings. *Infants and Young Children, 16*(1), 33–47.

Rutter, M., Bailey, A. & Lord, C. (2003). *Social Communication Questionnaire* (SCQ). Torrance, CA: Western Psychological Services.

Sansosti, F.J., & Powell-Smith, K.A. (2008). Using computer-presented Social Stories and video models to increase the social communication skills of children with high-functioning autism spectrum disorders. *Journal of Positive Behavior Interventions, 10*(3), 162–178.

Schwartz, I.S., Garfinkle, A.N., & Bauer, J. (1998). The Picture Exchange Communication System: Communicative outcomes for young children with disabilities. *Topics in Early Childhood Special Education, 18,* 144–159.

Shelden, M.L., & Rush, D.D. (2001). The ten myths about providing early intervention services. *Infants and Young Children, 14*(1), 1–13.

Skinner, B.F. (1957). *Verbal behavior.* Englewood Cliffs, NJ: Prentice Hall.

Skokut, M., Robinson, S., Openden, D., & Jimerson, S.R. (2008). Promoting the social and cognitive competence of children with autism: Interventions at school. *The California School Psychologist, 13,* 93–108.

Snell, M.E., & Gast, D.L. (1981). Applying time delay procedure to the instruction of the severely handicapped. *Journal of the Association of the Severely Handicapped, 6,*

3–14.

Sparrow, S.S., Cicchetti, D.V., & Balla, D.A. (2005). *Vineland Adaptive Behavior Scales-II* (VABS-II) (2nd ed.) Bloomington, MN: AGS Publishing/Pearson Assessments.

Spooner, F. (1984). Comparisons of backward chaining and total task presentation in training severely handicapped persons. *Education and Training in Mental Retardation, 19,* 15–22.

Stokes, T.F., & Baer, D.M. (1977). An implicit technology of generalization. *Journal of Applied Behavior Analysis, 10,* 349–367.

Sundberg, M.L. (2008). *Verbal Behavior Milestones Assessment and Placement Program* (VB-MAPP). Concord, CA: Advancements in Verbal Behavior Press.

Sundberg, M.L., & Michael, J. (2001). The benefits of Skinner's analysis of verbal behavior or children with autism. *Behavior Modification, 25,* 698–724.

Swaggart, B., et al. (1995). Using Social Stories to teach social and behavioral skills to children with autism. *Focus on Autistic Behavior, 10,* 1–16.

Thiemann, K.S., & Goldstein, H. (2001). Social Stories, written text cues, and video feedback: Effects on social communication of children with autism. *Journal of Applied Behavior Analysis, 34,* 425–446.

Thompson, T. (2011). *Individualized autism intervention for young children: Blending discrete trial and naturalistic strategies.* Baltimore, MD: Paul H. Brookes Publishing Co.

Vollmer, T.R., & Iwata, B.A. (1992). Differential reinforcement as treatment for behavior disorders: Procedural and functional variations. *Research in Developmental Disabilities, 13,* 393–417.

Wechsler, D. (2002). *Wechsler Preschool and Primary Scale of Intelligence* (WPSSI). (3rd ed). Bloomington, MN: Pearson Assessments.

Wetherby, A., & Woods, J. (2006). Early social interaction project for children with autism spectrum disorders beginning in the second year of life: A preliminary study. *Topics in Early Childhood Special Education, 26*(2), 67–82.

Wielder, S., & Greenspan, S.I. (2003). Climbing the symbolic ladder in the DIR model through floor time/interactive play. *Autism: The International Journal of Research and Practice, 7*(4), 425–435.

Wolery, M., Ault, M.J., & Doyle, P.M. (1992). *Teaching students with moderate to severe disabilities.* White Plains, NY: Longman.

Wolery, M., & Gast, D.L. (1984). Effective and efficient procedures for the transfer of stimulus control. *Topics in Early Childhood Special Education, 4,* 381–386.

Woods, J.J., & Wetherby, A.M. (2003). Early identification of and intervention for infants and toddlers who are at risk for autism spectrum disorder. *Language, Speech & Hearing Services In Schools, 34*(3), 180–193.

Woods, J.J., Wilcox, M., Friedman, M., & Murch, T. (2011). Collaborative consultation in natural environments: Strategies to enhance family-centered supports and services. *Language, Speech & Hearing Services In Schools, 42*(3), 379–392.

Zanolli, K.M., Paden, P., & Cox, K. (1997). Teaching prosocial behavior to typically developing toddlers. *Journal of Behavioral Education, 7*(3), 373–391.

讀者指南

第 1 章
自然情境介入概論

1. 許多早期療育服務提供者堅信治療性服務提供模式遠比自然情境介入服務提供模式來得好。那麼，你該如何跟人們說明自然情境介入的重要性呢？

2. 在實施作息本位和活動本位介入時，需要照顧者和幼兒園教師們擔任主動者的角色，為 ASD 和其他相關障礙類別兒童提供積極的介入。若照顧者或教師不願意承擔這份責任，你該如何幫助他們認識他們在提供介入上的重要價值呢？

3. 想想那些你曾共事過或私下認識的 ASD 兒童。請描述每位兒童在第 1 章所提到的社交互動、溝通、行為和其他特徵的獨特性。

4. 討論在自然情境使用 ABA 介入可以滿足 ASD 和其他障礙類別兒童之需求的理由。你認為所有的幼兒都能夠受益於這類嵌入日常作息中的明確指令嗎？

5. ASD 幼兒的自然情境介入與發展遲緩較不明顯兒童的自然情境介入相比，有何獨特性？

第 2 章

認識應用行為分析

1. 討論 ABA 的發展歷程與歷史根源。

2. 請自述 ABA 的意義。ABA 如何使兒童在日常作息中得到幫助？

3. 請描述 ABA 七個向度，並舉例說明在針對 ASD 和其他相關障礙類別幼兒設計自然情境中的 ABA 介入時，該如何滿足個別向度的要求？

4. 請描述單一嘗試教學法（DTT）、隨機教學（IT）、核心反應訓練（PRT）以及應用語言行為（AVB）之間的相似性及差異性。

5. 作者不建議早期療育服務提供者在自然情境中實施介入時，選擇特定一項教學法，像是單一嘗試教學法、核心反應訓練、隨機教學或應用語言行為等，作為 ASD 幼兒的唯一介入模式。反之，這些教學法中所使用的策略可以各種不同的方式使用，並結合其他的行為策略，發展更高品質的 ABA 介入。你認為作者為何對在自然情境的 ABA 介入提出這番建議？

第 3 章

自然情境中規劃 ABA 介入之評估

1. 在規劃自然情境 ABA 介入時，非正式評估的五項主要目的為何？

2. 討論評估 ASD 幼兒的優勢與興趣有何重要之處。當討論優勢和興趣時，你可以使用哪些策略讓照顧者以及幼兒園教師不要只是專注在兒童的限制上？

3. 關於第 3 章的優勢與興趣評估訪談，你認為有哪些問題應該也加進去？

4. 請完成一份第 3 章的溝通能力或社交互動能力評估，並撰寫摘要描述

該兒童的現況能力表現。摘要中具體指出兒童目前能獨立完成或需要支持才能做到的行為，方能使早期療育團隊據以選擇對於該兒童是發展適切的目標。

5. 評估照顧者優先考量為何重要？你認為作者為何建議在討論兒童現況能力後進行此項評估？

6. 請描述評估 ASD 幼兒日常作息的流程，以作為規劃嵌入式 ABA 介入之用。

7. 第 3 章提供非常多的評估工具。在介入規劃開始前對每個作息進行評估以及設定目標，可能會讓照顧者感到負荷過重。你會如何決定哪一個評估是最先要進行的，尤其是當你與 ASD 兒童和他／她的照顧者一起工作的時候。

第 4 章
自然情境中設定 ABA 介入之目標

1. 你如何與早期療育團隊相互合作，共同為 ASD 和相關障礙類別幼兒設定自然情境的 ABA 介入？你如何確保所有人——包括照顧者、教師以及相關服務提供者等——皆能參與決策？

2. 撰寫 ABA 介入目標的標準指出，目標必須是具功能性、發展適切的、可觀察的、可測量的以及是正向陳述的。練習使用這些標準去撰寫每一個領域的目標，例如：社交互動能力、溝通能力、獨立遊戲能力、生活自理能力、認知能力以及正向行為。

3. 你如何確認為兒童設定的所有目標都是發展適切的？

4. 日常作息目標與特定領域目標有何不同？

5. 運用活動本位矩陣的目的為何？

第 5 章

自然情境中發展 ABA 介入之教學程序

1. 針對 ASD 與其他相關障礙類別兒童，在有挑戰性行為時使用正向行為支持策略而不是帶來懲罰性後果之策略的原理為何？

2. 第 5 章提到的各類型正增強各有何不同？哪一類型是你最常使用的？在你與兒童和家庭共事時，你會如何增加自然增強的機會？

3. 如何使用區辨性增強替代行為，以減少問題行為？

4. 提示／褪除程序有哪兩種方法？請舉例說明在對兒童教導新的能力時，你會如何使用這兩種方法。

5. 在對兒童教導新能力時，整日都可運用嵌入式單一嘗試教學。請以教導兒童用手指出並要求想要的東西為例，解釋嵌入式單一嘗試教學的方法。

6. 在哪種情況下，適合選擇影片示範作為指導策略？

7. 你會如何運用同儕媒介介入策略，來教導幼兒學會與同儕參與共同遊戲？

第 6 章

數據蒐集與分析

1. 在自然情境中實施 ABA 介入時，蒐集數據的重要性為何？

2. 對於照顧者而言，哪一種的數據蒐集方法易於每日使用？

3. 討論該如何與不會定期蒐集數據的照顧者溝通。你該如何有效傳達蒐集數據的價值？

4. 討論若數據顯示兒童對於某特定短期目標遲遲無法進步時，該怎麼辦？

5. 若照顧者表示他們認為他們的孩子確實有進步，但數據卻顯示沒有時，你可以提出何種建議？

第 7 章
全盤整合

1. 你認為在為 ASD 與其他障礙類別幼兒設計與實施自然情境中的 ABA 介入時，你所扮演的角色為何？

2. 你對於提供示範和教練訓練來支持照顧者並支持他們在自然情境中實施 ABA 介入，有何看法？

3. 你對於提供示範和教練訓練來支持幼兒園教師並支持他們在每日學校作息中實施 ABA 介入，有何看法？

4. 作者分享了本書資訊有哪些不同的利用方法？你對於運用你在本書學習到的所有內容與教學策略，又有何看法？

附錄

A

溝通能力教案範本

兒童姓名：莎拉

領域：溝通能力

短期目標：莎拉會在各種不同的情境下，連續五天獨立的在平靜狀態下以口
語要求協助。

目標作息：玩玩具、戶外遊戲、用餐時間

數據蒐集程序：獨立性程度數據

數據蒐集程序說明：

4：獨立完成

3：最少提示（時間延宕）

2：中度提示（時間延宕並伴隨伸出手）

1：最多提示（示範／要求模仿）

教學程序：

❶ 當莎拉正在進行某個通常會需要協助的活動時，陪在她身邊。

❷ 如果莎拉開始出現沮喪的跡象時，請以最多到最少提示法，使用下列提
示／褪除程序來教導她說出「幫忙」：

a. 運用示範／要求模仿，詢問：「妳需要幫忙嗎？」並強調**幫忙**這個詞

（如果她所需要協助的事物是可以拿給你的，伸出你的手）。讓莎拉能夠模仿說出「幫忙」這個詞，然後得到她需要的協助。

b. 經過幾次上述的練習後，當她出現沮喪的跡象時，開始使用時間延宕來減少提示（等待時間中可伴隨期待的表情／肢體語言），在沒有口語提示下鼓勵她說出「幫忙」（需要時還是可以將手伸出來）。

c. 若她說出「幫忙」，則提供協助，或返回上一步驟。

d. 在時間延宕和／或伸出手的情況下，若莎拉已經可以做出回應，則慢慢減少時間延宕裡伴隨的伸手動作和期待的表情／肢體語言，鼓勵她獨立的主動要求協助。

e. 一旦莎拉在成人身邊可以要求協助時，開始逐漸增加莎拉和成人之間的距離，直到即使成人是在另一個房間裡，她仍然可以在平靜狀態下以口語要求協助。

兒童姓名：強納生

領域：溝通能力

短期目標：強納生會連續五天獨立的使用各種簡單句子要求想要的物品。

目標作息：玩玩具、乘坐汽車、用餐時間、洗澡時間

數據蒐集程序：獨立性程度數據

數據蒐集程序說明：

4：獨立完成

3：最少提示（時間延宕）

2：中度提示（問問題或提供填入句型）

1：最多提示（示範／要求模仿）

教學程序：

❶ 使用環境安排來製造機會，讓強納生使用簡單的句子向他人要求物品。例如，把物品拿在他構不著的地方、放在他構不著的架子上，或是只給予少量物品，製造機會讓強納生提出要求更多物品，或是誘使他表現想要某個物品。

❷ 也可以在自然發生的事件中跟隨強納生的引導，來教導使用簡單的句子表達要求。如果強納生直接伸手要拿、用哭的、用抓的或說出一兩個單字的短句在表達他想要拿取某樣物品，請拿著該物品，使用時間延宕鼓勵他說出簡單句子來提出要求。

❸ 如果強納生使用簡單的句子提出要求，則提供讓他可以拿到該物品的自然增強。另外，在他做出回應後，務必給予微笑和正面評語來提供社會性增強。

❹ 若強納生沒有回應，則使用以下最少到最多提示法：

    a. 使用時間延宕（等待時間中可伴隨期待的表情／肢體語言）。

    b. 説出：「你想要什麼？」「你喜歡什麼？」或其他類似句型。

    c. 使用填入句型，像是「可以幫我拿_____？」或是「我想要_____。」

    d. 使用示範／要求模仿，先説出該句，然後讓強納生進行模仿。

❺ 即使在提示的情況下，也應提供如步驟 3 所示的正增強。

兒童姓名：丹尼爾

領域：溝通能力

短期目標：丹尼爾會一致的遵循至少十項簡單的單一步驟指令。

目標作息：玩玩具、睡前作息、洗澡時間、用餐時間、讀書、散步

數據蒐集程序：頻率數據

數據蒐集程序說明：

當丹尼爾能夠在沒有提示的情形下遵循一個簡單的單一步驟指令時，請寫下來。每一次他在沒有提示的情況下完成指令，就在該項指令旁做計數的標記。一旦丹尼爾在該項指令得到五個標記，就將此項指令計入丹尼爾可以遵循的簡單單一步驟指令的頻率總數中。每週一次，繪出他可以一致的遵循的指令總數（以至少五個標記代表一致）。

教學程序：

❶ 在自然發生的作息中，讓丹尼爾遵循一項簡單的單一步驟指令（例如，「把衣服放進洗衣籃」、「把書放回去」、「把紙屑放到垃圾堆裡」）。

❷ 如果他可以獨立遵循指令，則提供正增強。

❸ 如果他沒有遵循指令，則使用以下最少到最多提示法：

　　a. 重述指令並使用時間延宕。

　　b. 使用手勢／指出。

　　c. 使用示範／要求模仿，或是協助他開始但讓他獨立完成該指令。

　　d. 整個過程中提供溫和的身體協助。

❹ 一旦他做出回應（即使在提示的情況下），提供正增強。

兒童姓名：潔西卡

領域：溝通能力

短期目標：潔西卡會在不想要某件事物時，連續五天獨立的模仿說「不」、使用口語近似詞或以搖頭來表示。

目標作息：用餐時間、玩玩具、穿衣服

數據蒐集程序：獨立性程度數據

數據蒐集程序說明：

4：獨立完成

3：最少提示（做出即將說「不」的嘴型、使用手勢／標誌、開始搖頭）

2：中度提示（誇張的搖頭，並說「不」好幾次）

1：最多提示（說「不」，並提示潔西卡輕觸標示著「不」的圖片）

教學程序：

❶ 當潔西卡表示她不想要某件東西而做出轉身或把物品推走的動作時，在拿開物品之前，說：「妳想要這個嗎？」或是「妳想要它嗎？」或是「你想要＿＿（物品名稱）＿＿嗎？」

❷ 如果她說「不」（或是近似詞）或搖頭時，把物品拿開作為正增強。

❸ 如果她沒有說「不」（或是近似詞）或搖頭時，則使用以下最少到最多提示法：

　a. 做出即將說「不」的嘴型。

　b. 用手勢／標誌傳達「不」的意思，或以搖頭表示。

　c. 誇張的搖頭，並說「不」好幾次。

　d. 說「不」，並提示她輕觸標示著「不」的圖片。

❹ 一旦潔西卡做出回應（即使在提示的情況下），拿開物品作為增強。

B

社交互動能力教案範本

兒童姓名：克里斯多佛

領域：社交互動能力

短期目標：克里斯多佛會連續五天在進行遊戲活動時，模仿各種玩玩具的行為。

目標作息：玩玩具（農場小屋、火車、汽車、積木、玩具廚房）、洗澡時間、拜訪朋友家

數據蒐集程序：獨立性程度數據

數據蒐集程序說明：

4：獨立完成

3：最少提示（示範／要求模仿、時間延宕、口語提示、輕拍）

2：中度提示（協助他開始，然後迅速褪除協助）

1：最多提示（整個過程提供溫和的身體協助）

教學程序：

在進行以興趣為主的遊戲活動時，實施以下程序：

❶ 跟隨克里斯多佛的引導，參與他的遊戲活動。

❷ 陪在他身邊玩約 30 秒後，戲劇化的用玩具示範動作。

❸ 若克里斯多佛模仿你的行為，給予正增強。

❹ 若他沒有出現模仿動作，則使用以下最少到最多提示法：

　a. 使用示範／要求模仿，重複該動作，並使用時間延宕。

　b. 説出口語提示，像是「現在你做做看」或是「換你做」。

　c. 輕拍他。

　d. 協助他開始，然後迅速減少協助。

　e. 整個過程提供溫和的身體協助。

❺ 一旦克里斯多佛做出回應（即使在提示的情況下），給予正增強。

❻ 在每日各種不同的遊戲活動期間，提供各種機會。

備註： 短期目標為克里斯多佛能夠看著你，並做出你正在做的動作，而不是
　　　　讓他記住某些玩玩具的特定動作，因此務必使用大量且不同的玩具和
　　　　動作。若你認為他只是記住了特定玩具的玩法，請更改動作。

兒童姓名：艾咪

領域：社交互動能力

短期目標：艾咪會每天至少一次在休息時間或是在學習區時，獨立的藉由口
語或非口語的方式與其他同儕發起遊戲。

目標作息：學習區、休息時間

數據蒐集程序：是／否數據

數據蒐集程序說明：

是：艾咪至少有一次獨立的主動開始與其他同儕遊戲。

否：艾咪沒有主動開始與其他同儕遊戲，或是需要提示才能做到。

教學程序：

❶ 運用社會性故事教導艾咪主動開始遊戲的各種方法，並且：

　　a. 讓她在電腦上觀賞這個社會性故事（老師可以唸給她聽，或是採用內
　　　建式的喇叭讓她獨立觀看）。

　　b. 看完故事後，請她重述她學到了什麼。

　　c. 接著詢問她理解性問題，確定她真的懂了（如果她無法回答任何一個
　　　問題，重唸該故事的部分情節然後重新提問。必要時可加以提示）。

　　d. 每天在休息時間前和／或去學習區前，都讓她觀看這個社會性故事。

❷ 若艾咪主動開始與同儕遊戲，在他們遊戲結束後，給予正增強（例如，
「我好喜歡妳對賈斯汀說要一起在戲水學習區玩的方式！」）

❸ 運用同儕媒介介入，教導同儕正向回應艾咪的主動邀請。

❹ 若艾咪無法主動開始遊戲，則使用以下最少到最多提示法：

　　a. 提供視覺提示（一張印有社會性故事封面的小圖片或是一位兒童正在

邀請另一位兒童一起遊戲的圖片）。

b. 提供手勢提示（指著正在遊戲的兒童們）。

c. 提供口語提示（例如，「該是邀請朋友們一起玩的時候啦！」）

d. 利用示範／要求模仿（例如，提供示範：「我也可以玩嗎？」然後讓艾咪模仿）。

❺ 即使艾咪需要提示才能主動開始遊戲，都務必提供正增強。

備註：你可以將艾咪主動開始與同儕一起遊戲的短片剪輯，用 PowerPoint 嵌入至社會性故事裡來進行影片自我示範。

兒童姓名：班

領域：社交互動能力

短期目標：班會在各種以興趣為主的活動裡，獨立的和同儕進行兩分鐘互惠的口語和／或非口語的互動。

目標作息：學習區、休息時間、拜訪朋友家、和手足或朋友玩玩具、和手足或朋友在戶外遊戲、和手足一起洗澡

數據蒐集程序：獨立性程度數據

> **數據蒐集程序說明：**
> **4：獨立完成**
> **3：最少提示**：僅需非常少的大人協助
> **2：中度提示**：期間大多需要大人的協助
> **1：最多提示**：整個期間幾乎都需要大人協助

教學程序：

❶ 讓一位同儕跟隨班的引導來開始活動，讓同儕運用以興趣為主的素材主動開始和班遊戲。

❷ 當同儕開始和班互動時，運用同儕媒介介入教導該同儕在整個遊戲期間做出評語、提問或給予指令，並使用時間延宕（暫停，同時使用期待的表情／肢體語言），來鼓勵班做出回應。

❸ 若班沒有回應同儕，則視需要由大人採取提示／褪除程序，以提供讓班可以跟同儕一起遊戲所需要的協助。提示可以使用手勢、視覺、口語或是肢體，但務必盡快減少提示。

❹ 當班在整個遊戲期間做出適當回應時，鼓勵同儕對他微笑或說出正向評語來給予正增強。

兒童姓名：路克

領域：社交互動能力

短期目標：路克會連續五天在他喜歡的活動中，讓一位大人或同儕與他進行平行遊戲，並能夠保持平靜。

目標作息：玩玩具、玩沙盒、玩水桌、玩操場上的溜滑梯

數據蒐集程序：個別化評分系統

數據蒐集程序說明：

4：當大人或同儕加入平行遊戲時能保持平靜。

3：當大人或同儕加入平行遊戲時有點生氣（發牢騷、抱怨）。

2：當大人或同儕加入平行遊戲時會哭叫或大喊。

1：當大人或同儕加入平行遊戲時會出現侵略行為或跑走。

教學程序：

❶ 當路克進行喜愛的活動時，加入他的遊戲來跟隨他的引導。

❷ 緊靠著路克坐下。若他對於你的靠近有強烈的反感，使用塑形策略，改為坐遠一點，然後慢慢減少距離，讓他對你的出現感到安心。

❸ 如果路克出現挑戰性行為，像是跑走、大叫、哭鬧或是侵略舉動時，請忽略挑戰性行為並持續在他身旁遊戲。你可以提供身體上的引導，讓他和你待在同一處。但請逐漸減少身體上的引導，讓他可以在不需要支持的情況下自己待在該區。

❹ 一旦路克能夠留在該區，在他身旁玩時給予正向評語：「我正在蓋一座塔。」或是「我喜歡你正在蓋的東西。」你也可以後效模仿他正在做的事情。

❺ 當路克能夠讓你跟他一起進行平行遊戲而不會出現挑戰性行為時，給予
正增強。

❻ 如果有同儕在遊戲，使用同儕媒介介入教導同儕如何進行步驟 1 到 5。
但若路克需要身體提示時，請勿讓同儕來提供這項協助。

C

獨立遊戲和生活自理能力教案範本

兒童姓名：尚恩

領域：生活自理能力

短期目標：史恩會獨立的從頭到尾，100%完成洗手的步驟。

目標作息：用餐前與用餐後、結束戶外遊戲後

數據蒐集程序：百分比數據

> **數據蒐集程序說明：**
> 指出尚恩在七個洗手步驟中能夠獨立做到幾個，再除以 7 來計算百分比。

教學程序：

❶ 利用工作分析／行為鏈來教導尚恩如何依照下列步驟洗手：

a. 轉開水龍頭。

b. 雙手放在水流下面。

c. 雙手塗抹肥皂。

d. 搓洗兩手產生泡沫。

e. 洗淨手上的泡沫。

f. 關緊水龍頭。

g. 用毛巾擦乾雙手。

❷ 利用完整任務演示讓尚恩完成對他而言最簡單的步驟，然後慢慢增加任務中稍難的步驟，直到他可以獨立完成整個任務。製作視覺步驟表給尚恩參考。

❸ 使用以下最少到最多提示法協助尚恩學習任務步驟：

a. 使用示範／要求模仿。

b. 使用手勢提示。

c. 使用口語提示。

d. 提供溫和的身體協助。

❹ 完成任務時給予正增強。如果在尚恩完成任務的個別步驟時都提供正增強，可能會讓他停止完成整個任務；因此，可能的話請等到整個任務完成時再給予正增強。

兒童姓名：莉莉

領域：獨立遊戲能力

短期目標：莉莉會獨立的玩適合她年齡層的各種玩具，每次至少持續五分鐘。

目標作息：玩玩具、洗澡時間、戶外遊戲、乘坐汽車、拜訪朋友家、在餐廳裡等食物上桌

數據蒐集程序：獨立性程度數據

數據蒐集程序說明：

4：獨立完成

3：最少提示：需要 1 或 2 個提示才能獨立的遊戲

2：中度提示：需要 3 或 4 個提示才能獨立的遊戲

1：最多提示：需要持續提示才能獨立的遊戲

教學程序：

❶ 選擇獨立遊戲所需的玩具時，考慮莉莉的優勢和興趣。

❷ 在教導莉莉獨立遊戲時，你必須先開始這場遊戲。使用以下最少到最多提示法，讓莉莉專心進行遊戲活動：

　a. 使用示範／要求模仿。

　b. 使用手勢提示。

　c. 使用口語提示。

　d. 提供溫和的身體協助。

❸ 一旦莉莉可以適當的玩玩具，則開始慢慢減少你的參與，以教導她獨立的遊戲。你可以在遊戲活動中進進出出好讓她想繼續玩下去，但同時要持續減少你的出現。

❹ 即使莉莉需要提示才能進行活動，遊戲時間結束後都給予正增強。

兒童姓名：雅各

領域：生活自理能力

短期目標：雅各會連續五天獨立的用湯匙吃各種食物。

目標作息：點心時間、用餐時間

數據蒐集程序：獨立性程度數據

數據蒐集程序說明：

4：獨立完成

3：最少提示（口語提示、手勢、輕拍）

2：中度提示（常常需要身體上的協助）

1：最多提示（整個過程都需要身體上的協助）

教學程序：

❶ 提供雅各最喜歡且最容易用湯匙吃的食物。如果雅各不喜歡弄得一團亂，固體食物是最好的開始方式。

❷ 將食物裝在放有湯匙的碗裡。如果雅各可以獨立使用湯匙，給予正增強。

❸ 若雅各用手拿東西吃，則使用以下最少到最多提示法：

  a. 用手指向湯匙。

  b. 給予口語提示，像是「用你的湯匙吃」。

  c. 把湯匙放在他手上。

  d. 輕拍他的手。

  e. 提供身體上的協助，但盡快減少協助。

  f. 溫和的引導他握著湯匙的手，將食物放到嘴裡。

❹ 每當雅各使用湯匙（即使在有提示的情況下），給予正增強。

❺ 一旦雅各可以用湯匙吃固體食物，接下來可以換成優格和布丁等食物。

兒童姓名：海莉

領域：生活自理能力

短期目標：海莉會每天多次主動使用廁所，且在每次上廁所間隔期間，都不尿濕褲子。

目標作息：睡醒後、用餐前、用餐後、玩玩具前、玩玩具時、玩玩具後、洗澡前、上床睡覺前、上學前

數據蒐集程序：是／否數據

數據蒐集程序說明：

是：海莉多次主動使用廁所，且不尿濕褲子。

否：海莉不會主動使用廁所，和／或無法不尿濕褲子。

教學程序：

❶ 指向標示著廁所的圖片符號，教導海莉主動表示想使用廁所。

❷ 使用以下的程序，以嵌入式單一嘗試教學來教海莉，在她需要去上廁所前，如何主動表示想使用廁所：

　　a. 前事：將標示著廁所的圖片符號放在海莉附近。

　　b. 提示：指著圖片符號（必要時請伸出你的手或是給予溫和的身體協助）。

　　c. 行為：海莉指著圖片符號，表達要想使用廁所。

　　d. 後果：對著海莉微笑並說：「妳好棒！會跟我說妳想要去廁所！我們現在就去！」在海莉去完廁所後，提供額外的正增強。

❸ 一旦海莉能夠在單一嘗試教學期間主動開始使用圖片符號，逐漸減少用手指向圖片符號的提示。一旦她可以不需提示就能表達想上廁所的意思時，就把放在她附近的圖片符號拿走。選擇一個固定的地方放置圖片符號，如此一來，海莉每次想去廁所時就能拿到圖片符號。

認知能力教案範本

兒童姓名：麥可

領域：認知能力

短期目標：麥可會接收性辨識身體各部位，如：頭、腳、眼睛，有 100%的
正確率。

目標作息：穿衣服、洗澡時間、玩搔癢遊戲／和爸爸摔角

數據蒐集程序：百分比數據

> **數據蒐集程序說明：**
> 指出所有未經提示的正確回應，圈選「C」；指出所有經提示後的回應
> 或是不正確的回應，圈選「I」。將所有正確回應數除以所有回應機會
> 總數而得出百分比。

教學程序：

❶ 問麥可這類的問題：「你的雙腳在哪裡？」或是説：「摸你的雙腳。」

❷ 若麥可正確指出身體的部位，給予正增強。

❸ 如果麥可沒有正確指出身體的部位，則使用以下最少到最多提示法：

　　a. 重述要求並使用時間延宕（伴隨期待的表情）。

b. 使用示範／要求模仿，正確指出麥可或你自己身上的身體部位，接著鼓勵他做一樣的動作。

c. 輕拍他的手臂提示他開始。

d. 提供溫和的身體協助。

❹ 即使麥可需要提示才能回應，都給予正增強。

兒童姓名：山姆

領域：認知能力

短期目標：山姆會連續五天接收性辨識基本顏色，從兩個當中辨識，有
100%的正確率。

目標作息：玩玩具、洗澡時間、讀書

數據蒐集程序：百分比數據

數據蒐集程序說明：

指出所有未經提示的正確回應，圈選「C」；指出所有經提示後的回應
或是不正確的回應，圈選「I」。將所有正確回應數除以所有回應機會
總數而得出百分比。

教學程序：

❶ 手中握著閃卡、拼圖、玩具物件或其他以興趣為主的材料，配合山姆眼
睛的高度展示兩種顏色給山姆觀看。這可以協助山姆將顏色與他喜歡的
東西配對（例如，使用形狀分類機的形狀，在山姆把形狀放入形狀分類
機前進行一次嘗試）。

❷ 使用以下嵌入式單一嘗試教學程序：

  a. 前事：握著兩種顏色，請山姆拿起指定的顏色。用各種不同的指示方
    式問：「哪個是藍色的？」「找綠色。」「摸紅色。」等等。

  b. 提示：你可以同時移近兩個顏色鼓勵山姆回應，也可以只移近正確的
    顏色，也可以使用示範／要求模仿，或是可以提供溫和的身體協助。

  c. 行為：山姆指出正確的顏色。

  d. 後果：正增強。

❸ 務必逐漸減少提示，直到山姆可以在沒有任何提示下正確回應。

兒童姓名：布蘭妮

領域：認知能力

短期目標：布蘭妮會連續五天在共享式閱讀和一位大人面對面坐著，且讓大人拿著書並為她翻頁。

目標作息：睡前閱讀、玩玩具、用餐前／用餐後、觀看影片前／觀看影片後

數據蒐集程序：個別化評分系統

數據蒐集程序說明：

4：在共享式閱讀的過程中能夠一同閱讀整本書的內容。

3：在共享式閱讀的過程中能夠一同閱讀書中的大部分內容。

2：在共享式閱讀的過程中能夠一同閱讀書中的一半內容。

1：在共享式閱讀的過程中能夠一同閱讀書中的少量內容。

教學程序：

❶ 提供兩本書讓布蘭妮選擇。必要時，使用提示／褪除程序來教導她指出所選擇的書。

❷ 試著和布蘭妮面對面坐著，在你唸書給她聽時拿著書。如果她試圖跑走或是有明顯的挑戰性行為，讓她坐在你的大腿上，由你拿著書唸給她聽。利用塑形策略讓她慢慢能夠與你面對面坐著。

❸ 為減少布蘭妮的挫折和焦慮，一開始不要把整頁的文字都唸出來。只要很快的說出圖片相關內容，然後翻頁。

❹ 另一種可以減輕她挫折與焦慮的方法是讓她自己翻頁。當你說完一頁內容後，說：「請翻頁。」布蘭妮必須等到你說翻頁才可以動作。

❺ 一旦布蘭妮可以平靜的坐好，就可以增加你所使用的語言複雜度，或如實唸出頁面上的文字。

兒童姓名：蘿拉

領域：認知能力

短期目標：蘿拉會連續五天接收性辨識常見物件，做到全部或幾乎全部答對。

目標作息：玩玩具、洗澡時間、用餐時間、讀書

數據蒐集程序：個別化評分系統

數據蒐集程序說明：

4：一整天中，能接收性辨識所有或大部分的物件。

3：一整天中，能接收性辨識超過一半的物件。

2：一整天中，能接收性辨識約一半的物件。

1：一整天中，能接收性辨識少於一半的物件。

0：一整天中，能接收性辨識非常少的物件，甚至沒有。

教學程序：

❶ 運用以興趣為主的材料，如拼圖、農場動物玩偶、物件圖片、書本等，並使用以下的嵌入式單一嘗試教學程序：

　　a. 前事：握住兩個物品，要求蘿拉辨認出指定的一樣，說：「小豬在哪裡？」或是「抓住小豬。」

　　b. 提示：你可以同時移近兩個物品或圖片鼓勵蘿拉回答，也可以只移近正確的物品，也可以使用示範／要求模仿，或是可以提供溫和的身體協助。

　　c. 行為：蘿拉指出正確的物品。

　　d. 後果：正增強。

❷ 務必逐漸減少提示，直到蘿拉可以在沒有任何提示下正確回應。

正向行為教案範本

兒童姓名：艾文

領域：正向行為

短期目標：艾文會連續五天持續坐在他的餐椅上，直到他把食物吃光。

目標作息：用餐時間、點心時間

數據蒐集程序：是／否數據

數據蒐集程序說明：

是：艾文一整天的用餐和點心時間都能持續坐在餐椅上。

否：艾文一整天的用餐和點心時間沒有持續坐在餐椅上，或是需要提
示才辦得到。

教學程序：

❶ 使用影片自我示範教導艾文坐在餐椅上用餐的期望行為。在每次用餐／
點心前都播放影片給艾文觀賞。

❷ 當艾文能持續坐在餐椅上時，給予正增強。

❸ 如果艾文離開餐椅，則立刻使用以下最多到最少提示法：

　a. 溫和的把艾文抱起來，並讓他坐回餐椅上。

b. 擋住艾文，並指向他的餐椅。

c. 輕拍他的手臂提示他坐回餐椅。

d. 給予口語提示，像是：「回到你的椅子上。」

❹ 若艾文回到餐椅上坐好，務必提供正增強。

備註：只要艾文沒有坐在餐椅上，就不可以拿到食物／吃東西。

兒童姓名：納森

領域：正向行為

短期目標：納森會連續五天接受每日作息中出現改變，當他知道有所改變時
能夠平靜接受。

目標作息：乘坐汽車、用餐時間、洗澡時間、睡前作息

數據蒐集程序：個別化評量系統

數據蒐集程序說明：

4：改變發生時，納森能夠保持平靜。

3：改變發生時，納森有點不高興（例如，簡短的咕噥、口語抱怨）。

2：改變發生時，納森哭鬧或大叫。

1：改變發生時，納森出現侵略性的行為（打人、踢人、咬人、抓人）。

教學程序：

❶ 從納森可能會想要改變的作息開始做出改變（例如，比起沖澡，納森想
要邊泡澡邊遊戲）。

❷ 在開始改變之前，先讓納森知道將會出現什麼樣的改變（例如，說：「今
晚你要泡澡而不是沖澡唷！」）

❸ 若改變發生時，納森能夠保持平靜或只有稍微不高興，給予正增強。

❹ 若納森產生挑戰性行為，忽略挑戰性行為並在納森平靜時給予正增強。

❺ 一旦納森能夠在可能會想要的改變發生時保持平靜，便可以從他不一定
想要但不會排斥的改變開始。當納森可以在不一定想要但不會排斥的改
變中，仍然保持平靜，那麼就可以開始引入他不希望的改變。

兒童姓名：羅伯特

領域：正向行為

短期目標：羅伯特會連續五天溫和的陪狗一起玩。

目標作息：玩玩具、戶外遊戲、睡前作息

數據蒐集程序：是／否數據

> **數據蒐集程序說明：**
> **是**：羅伯特整天都能友善的和狗一起玩。
> **否**：羅伯特沒有整天都友善的和狗一起玩，或是需要提示才辦得到。

教學程序：

❶ 使用示範／要求模仿，來教導羅伯特如何溫和的陪狗一起玩。

❷ 若羅伯特沒有模仿所示範的或對狗出現攻擊性行為，則使用以下最多到最少提示法：

　　a. 提供溫和的身體協助。

　　b. 提供溫和的身體協助，接著逐漸減少協助，讓羅伯特繼續友善的陪狗一起玩。

　　c. 使用口語提示（例如，「溫柔的摸牠。」）

❸ 每次羅伯特溫柔的陪狗一起玩時，無論是否有提示，都給予正增強。

兒童姓名：泰拉

領域：正向行為

短期目標：泰拉會連續五天用手指出她想要的物品，並在拿到物品之前保持
平靜。

目標作息：玩玩具、洗澡時間、用餐時間、戶外遊戲

數據蒐集程序：是／否數據

數據蒐集程序說明：

是：一整天之中，泰拉能夠獨立的自己指出想要的物品，並在拿到物
品之前保持平靜。

否：一整天之中，泰拉沒有獨立的自己指出想要的物品，或需要提示
才能辦到。

教學程序：

❶ 使用環境安排來製造機會，讓泰拉跟他人要求物品。例如：把物品拿在
她搆不著的地方，或是放在她搆不到的架子上，或是只給予少量物品，
製造機會讓泰拉要求更多，或是誘使她表現出想要某個物品。

❷ 也能跟隨泰拉的引導，利用自然發生的機會來教導她如何提出要求。若
泰拉直接伸手要去拿、發出嗚咽聲、用抓的、用哭的或喊叫的方式，請
拿著該物品，使用時間延宕來鼓勵她用手指出來提出要求。

❸ 若泰拉確實指出來了，將該物品給她來提供正增強。另外，在她用手指
出來後，務必給予微笑或正面評語來提供社會性增強。

❹ 若泰拉無法指出來，則使用以下最少到最多提示法：

a. 將物品移近泰拉。

b. 對泰拉說：「指出來」或是「妳想要這個嗎？」

c. 使用示範／要求模仿。

d. 提供溫和的身體協助。

❺ 即使泰拉需要提示才能回應，都給予正增強。

備註：使用塑形策略，若泰拉指出來，即使她仍然抱怨或哭鬧，都給予增
強。最後則需在她指出來且能平靜等待該物品時，再給予增強。

目標作息的介入計畫範本

F

兒童姓名： 瑞貝卡

作息： 在後院遊戲

向度	目標	行為策略
溝通方式	1. 瑞貝卡想上樓梯時會說「上去」。 2. 瑞貝卡可以在重複使用的句子裡填入單字，像是「1，2，_____」，還有「準備好，預備，_____」。	時間延宕 嵌入式單一嘗試教學
社交互動狀況	瑞貝卡會和距離 200 公尺外的同伴進行球的來回滾動。	提示／褪除程序 正增強
獨立性	瑞貝卡會用鏟子鏟砂裝滿整個桶子。	示範／要求模仿 正增強
認知能力表現	瑞貝卡會在盪鞦韆時從 1 數到 10。	示範／要求模仿 時間延宕 正增強
正向行為	瑞貝卡會在想要出去戶外時說「出去」（而不是用哭鬧的方式）。	示範／要求模仿 正增強

兒童姓名： 傑塔

作息： 吃點心／用餐

向度	目標	行為策略
溝通方式	1. 傑塔會使用簡單句子來要求想要的食物和飲料。 2. 傑塔會回應父母的評語和問題。	時間延宕 提示／褪除程序 正增強
社交互動狀況	傑塔會在每次用餐時，可以和家人發起至少一次互動。	預示效應 提示／褪除程序 正增強
獨立性	傑塔會不需提醒就使用叉子或湯匙吃飯。	提示／褪除程序 正增強
認知能力表現	不適用	
正向行為	不適用	

兒童姓名： 布萊克

作息： 閱讀書籍

向度	目標	行為策略
溝通方式	布萊克會使用簡單句子看圖說故事。	提示／褪除程序 正增強
社交互動狀況	布萊克會以提問或做出評語來對說故事的人發起互動。	提示／褪除程序 正增強
獨立性	不適用	
認知能力表現	布萊克可以傾聽故事朗讀，並在故事進行中回答關於內容的簡單問題。	提示／褪除程序 正增強
正向行為	不適用	

兒童姓名： 艾希莉

作息： 乘坐汽車

向度	目標	行為策略
溝通方式	艾希莉會使用至少一個字的短句，要求播放歌曲。	嵌入式單一嘗試教學
社交互動狀況	艾希莉會模仿姊姊的跳舞動作。	同儕媒介介入 示範／要求模仿 正增強
獨立性	艾希莉會獨立的上下車並且自己坐好。	提示／褪除程序 正增強
認知能力表現	艾希莉會複誦英文字母。	示範／要求模仿 時間延宕 正增強
正向行為	在車子行進時，艾希莉會繫好安全帶並坐在自己的汽車座椅上。	預示效應 正增強

G

作為評估、目標設定和
數據彙整用途的空白表格

請注意：

為了臨床與教育目的，購買本書的讀者可以自行影印附錄 G 中的空白表格使用，
但不得利用此表格產生任何計畫或個人的收入。

│ 優勢與興趣評估：照顧者訪談 │

(1之2頁)

日期	兒童姓名	訪談者	受訪人

開放性說明	照顧者回應
請說說您孩子的優點和興趣。	

其他探索性的問題	照顧者回應
什麼能讓您的孩子開心？	
您的孩子喜歡怎麼消磨時間？	
您的孩子最喜歡哪些玩具或活動？	
您的孩子在哪些地方表現優異？	
您的孩子讓您覺得驕傲的地方？	

本表取自：吳佩芳、田凱倩、阮震亞、張家瑞、鄭竹秀（譯）（2019）。應用行為分析在家庭、學校與遊戲中的運用：協助自閉症光譜障礙或其他障礙類別兒童（原作者：Debra Leach）。新北市：心理。

優勢與興趣評估：照顧者訪談（2之2頁）

其他探索性的問題	照顧者回應
您的孩子喜歡和誰一起消磨時間？	
在一天中，您的孩子最喜歡哪個時段？	
什麼能夠讓您的孩子保持注意力？	
您的孩子最喜歡什麼地點？	
您的孩子永遠都不會放棄哪樣東西？	
您的孩子最喜歡的零食、餐點和飲料是什麼？	
反感和恐懼評估	照顧者回應
您的孩子是否有任何強烈的反感或恐懼？	

本表取自：吳佩芳、田凱倩、阮震亞、張家瑞、鄭竹秀（譯）（2019）。應用行為分析在家庭、學校與遊戲中的運用：協助自閉症光譜障礙或其他障礙類別兒童（原作者：Debra Leach）。新北市：心理。

｜偏好評估｜

兒童姓名：＿＿＿＿＿＿＿＿＿＿＿＿＿＿＿＿＿＿＿＿＿＿＿＿

日期／活動	選項 1	選項 2	選擇

本表取自：吳佩芳、田凱倩、阮震亞、張家瑞、鄭竹秀（譯）（2019）。應用行為分析在家庭、學校與遊戲中的
運用：協助自閉症光譜障礙或其他障礙類別兒童（原作者：Debra Leach）。新北市：心理。

│ 溝通能力評估 │

(1之3頁)

兒童姓名：_____　受訪的照顧者：_____　日期：_____

問題	訪談中蒐集之資訊	直接觀察中蒐集之資訊
您的孩子如何表達想要的東西和需求（例如：用抓的、用拉的、用推的、哭鬧／啼哭、指出、直接拿、眼神接觸、臉部表情、聲音和文字）？		
您的孩子如何表達挫折或憤怒（例如：哭叫、打人、吐口水、走開、眼神接觸、聲音和文字）？		
您的孩子如何引起您的注意（例如：哭鬧、啼哭、找您、爬到您身上、發出聲音、說某些字、眼神接觸和使用臉部表情）？		
您的孩子可以遵守哪種指令（例如：單一步驟簡單動作、單一步驟複雜動作、二步驟簡單動作、二步驟複雜動作、多重步驟）？		
您的孩子會發出哪種咿呀咿呀的聲音？		

本表取自：吳佩芳、田凱倩、阮震亞、張家瑞、鄭竹秀（譯）（2019）。應用行為分析在家庭、學校與遊戲中的運用：協助自閉症光譜障礙或其他障礙類別兒童（原作者：Debra Leach）。新北市：心理。

溝通能力評估（2 之 3 頁）

問題	訪談中蒐集之資訊	直接觀察中蒐集之資訊
描述您孩子的模仿言語表達能力（例如：聲音、字詞、短語、句子）。		
您的孩子能藉由指出、觸摸、給予或拿到什麼物品來進行接收性的指認（例如：書、物件、閃卡、拼圖等等）？		
您的孩子不想要某件東西時會怎麼表示（例如：搖頭、走開、哭、說不）？		
您的孩子會如何回答「你想要＿＿＿？」這個問題（例如：拿起該物、走開、哭、點頭、搖頭、說好／不）？		
您的孩子如何讓您知道他喜歡某事事物（例如：微笑、用手指出、點頭、展示、眼神接觸、聲音和文字）？		
您的孩子如何與同儕溝通以發起社交互動（例如：眼神接觸、臉部表情、肢體語言、靠近、手勢、聲音和文字）？		

溝通能力評估（3之3頁）

問題	訪談中蒐集之資訊	直接觀察中蒐集之資訊
您的孩子能夠回答什麼樣的問題（例如：簡單的問題，像是「這是什麼？」關於當下的活動、過去事件、未來事件、該年齡應該知道的常識、情緒／感覺等問題）？		
您的孩子能夠提出什麼樣的問題（例如：詢問某件事物是什麼、在哪裡或是何時會發生。關於他人想法、他人感覺或是某事為什麼會發生等問題）？		
您的孩子會回應什麼樣的評語（例如：當下活動的評語、會話式的評語）？		
您的孩子會說出什麼樣的評語（例如：分享愉悅感、資訊、意見或願望）？		
您的孩子可以參與對話的程度為何（例如：往復交流的次數、喜歡／不喜歡的主題、跟同儕／成人、適當開始與結束對話）？		

本表取自：吳佩芳、田凱倩、阮震亞、張家瑞、鄭竹秀（譯）（2019）。應用行為分析在家庭、學校與遊戲中的運用：協助自閉症光譜障礙或其他障礙類別兒童（原作者：Debra Leach）。新北市：心理。

│ 社交互動能力評估 │　　　（1 之 2 頁）

兒童姓名：_____　受訪的照顧者：_____　日期：_____

請描述您的孩子能夠……	訪談中蒐集之資訊	直接觀察中蒐集之資訊
讓其他人一起遊戲 1. 在喜愛的活動，讓一位成人或同儕與兒童進行平行遊戲 2. 在喜愛的活動，讓兩位以上的同儕加入平行遊戲		
回應他人的分享式注意力 1. 在口語的要求下，能夠回應手指方向並注視 2. 能回應口頭要求並注視某物、事、人 3. 回應非口語的遊戲發起 4. 回應口語的遊戲發起 5. 轉頭回應成人或同儕的要求		
在各種活動中都能保有分享式注意力 1. 模仿他人的行為 2. 在持續進行的活動中，回應要求或指令 3. 在持續進行的活動中，回答問題 4. 在持續進行的活動中，回應評語		

本表取自：吳佩芳、田凱倩、阮震亞、張家瑞、鄭竹秀（譯）（2019）。應用行為分析在家庭、學校與遊戲中的運用：協助自閉症光譜障礙或其他障礙類別兒童（原作者：Debra Leach）。新北市：心理。

社交互動能力評估（2之2頁）

請描述您的孩子能夠……	訪談中蒐集之資訊	直接觀察中蒐集之資訊
5. 在持續進行的活動中，提出請求或給予指導 6. 在持續進行的活動中做出評語 7. 在持續進行的活動中提出問題 8. 在持續進行的活動中，提供玩具或材料給同儕或成人 9. 在一段特定時間保有分享式注意力 10.在一段特定時間進行多次互惠的互動		
發起分享式注意力 1. 在遊戲中模仿同儕或成人 2. 要求輪流，但輪流時還是緊待在身邊 3. 指出某件事物並以眼神接觸來分享資訊／愉悅 4. 做出評語來分享資訊／愉悅 5. 詢問在環境中的某事物 6. 加入同儕正在進行的遊戲作為遊戲發起 7. 以口語請求作為遊戲發起		

本表取自：吳佩芳、田凱倩、阮震亞、張家瑞、鄭竹秀（譯）（2019）。應用行為分析在家庭、學校與遊戲中的運用：協助自閉症光譜障礙或其他障礙類別兒童（原作者：Debra Leach）。新北市：心理。

社交能力評估

(1之2頁)

兒童姓名：＿＿＿＿＿＿　受訪的照顧者：＿＿＿＿＿＿　日期：＿＿＿＿

能力	獨立完成	最少提示	中度提示	最多提示
在平行遊戲時分享材料				
在共同遊戲時分享材料				
輪到他時會做出回應				
和他人輪流				
輪流等待期間能保有注意力				
協助他人				
接受他人協助				
同理他人的感覺				
使用適當的音量				
與社交夥伴保持適當的空間				
回應他人的問候				
跟人打招呼				
與他人互動時使用適當的眼神接觸				
讚美他人				
正向接受讚美				
對他人的臉部表情有適當回應				
對他人的肢體語言有適當回應				

本表取自：吳佩芳、田凱倩、阮震亞、張家瑞、鄭竹秀（譯）（2019）。應用行為分析在家庭、學校與遊戲中的運用：協助自閉症光譜障礙或其他障礙類別兒童（原作者：Debra Leach）。新北市：心理。

社交能力評估（2之2頁）

能力	獨立完成	最少提示	中度提示	最多提示
當有人擋住去路時做出適當回應				
其他：				
其他：				
其他：				
其他：				

本表取自：吳佩芳、田凱倩、阮震亞、張家瑞、鄭竹秀（譯）（2019）。應用行為分析在家庭、學校與遊戲中的運用：協助自閉症光譜障礙或其他障礙類別兒童（原作者：Debra Leach）。新北市：心理。

|獨立遊戲能力評估|

兒童姓名：＿＿＿＿＿＿　受訪的照顧者：＿＿＿＿＿＿　日期：＿＿＿＿

問題	照顧者回應	直接觀察
1. 請列出您的孩子在獨立遊戲時，能夠進行的各種活動。		
2. 在沒有成人的協助下，您的孩子能夠獨立遊戲的時間大約多久？		
3. 請描述在您的孩子在獨立遊戲時，所出現的固著行為或不當行為。		

本表取自：吳佩芳、田凱倩、阮震亞、張家瑞、鄭竹秀（譯）（2019）。應用行為分析在家庭、學校與遊戲中的運用：協助自閉症光譜障礙或其他障礙類別兒童（原作者：Debra Leach）。新北市：心理。

生活自理能力評估

兒童姓名：＿＿＿＿＿＿＿ 受訪的照顧者：＿＿＿＿＿＿＿ 日期：＿＿＿＿＿

能力	獨立完成	最少提示	中度提示	最多提示	無機會
吃適合手抓的食物					
用叉子吃東西					
用湯匙吃東西					
用吸管喝飲料					
用杯子喝飲料					
洗手					
洗臉					
刷牙					
梳頭髮					
上廁所					
洗澡					
洗頭髮					
穿衣服					
脫衣服					
其他：					
其他：					

本表取自：吳佩芳、田凱倩、阮震亞、張家瑞、鄭竹秀（譯）（2019）。應用行為分析在家庭、學校與遊戲中的運用：協助自閉症光譜障礙或其他障礙類別兒童（原作者：Debra Leach）。新北市：心理。

│ 認知能力評估 │

兒童姓名：＿＿＿＿＿＿　受訪的照顧者：＿＿＿＿＿＿　日期：＿＿＿＿

問題解決能力	精熟	接近精熟	發展中	沒有教過	備註
玩形狀配對玩具					
玩套圈圈					
玩疊套杯					
完成木製拼圖					
完成 24 片拼圖					
用積木或其他操作式玩具創造出結構					
配對物件、形狀、顏色					
分類物件、顏色、形狀					

本表取自：吳佩芳、田凱倩、阮震亞、張家瑞、鄭竹秀（譯）（2019）。應用行為分析在家庭、學校與遊戲中的運用：協助自閉症光譜障礙或其他障礙類別兒童（原作者：Debra Leach）。新北市：心理。

認知能力評估（2之5頁）

字彙	精熟	接近精熟	發展中	沒有教過	備註
接收性辨識（指認）一般物件（立體／平面；從 2 個、3 個或更多當中辨識）					
表達性辨識（命名）一般物件（立體／平面）					
接收性辨識（指認）身體部位					
表達性辨識（命名）身體部位					
接收性辨識（指認）動詞（從 2 個、3 個或更多當中辨識）					
表達性辨識（命名）動詞					
接收性辨識（指認）顏色（從 2 個、3 個或更多當中辨識）					
表達性辨識（命名）顏色					
接收性辨識（指認）形狀（從 2 個、3 個或更多當中辨識）					
表達性辨識（命名）形狀					

本表取自：吳佩芳、田凱倩、阮震亞、張家瑞、鄭竹秀（譯）（2019）。應用行為分析在家庭、學校與遊戲中的運用：協助自閉症光譜障礙或其他障礙類別兒童（原作者：Debra Leach）。新北市：心理。

認知能力評估（3 之 5 頁）

讀寫能力	精熟	接近精熟	發展中	沒有教過	備註
背誦字母					
配對字母（大寫、小寫、大小寫混合）					
接收性辨識（指認）大寫字母（從 2 個、3 個或更多當中辨識）					
表達性辨識（命名）大寫字母					
接收性辨識（指認）小寫字母（從 2 個、3 個或更多當中辨識）					
表達性辨識（命名）小寫字母					
把書拿正，一頁一頁從頭到尾獨立閱讀					
用食指從左到右指著書本裡的字展示內容					

本表取自：吳佩芳、田凱倩、阮震亞、張家瑞、鄭竹秀（譯）（2019）。應用行為分析在家庭、學校與遊戲中的運用：協助自閉症光譜障礙或其他障礙類別兒童（原作者：Debra Leach）。新北市：心理。

認知能力評估（4之5頁）

讀寫能力	精熟	接近精熟	發展中	沒有教過	備註
當他人閱讀時認真聽					
回應關於書中圖片的問題或評論					
看圖說故事					
聽完故事後可以重述故事					
只看封面和／或聽到書名就可以猜測這是本什麼樣的書					
轉述一個故事					
在說故事期間和之後回答關於故事的內容問題					
在說故事期間和之後回答關於故事的延伸問題					
流暢閱讀（大班／小一的程度）					

本表取自：吳佩芳、田凱倩、阮震亞、張家瑞、鄭竹秀（譯）（2019）。應用行為分析在家庭、學校與遊戲中的運用：協助自閉症光譜障礙或其他障礙類別兒童（原作者：Debra Leach）。新北市：心理。

認知能力評估（5 之 5 頁）

數學能力	精熟	接近精熟	發展中	沒有教過	備註
默數到 10					
默數到 20					
會對應數字					
接收性辨識（指認）0 到 10（從 2 個、3 個或更多當中辨識）					
表達性辨識（命名）0 到 10					
接收性辨識（指認）11 到 20（從 2 個、3 個或更多當中辨識）					
表達性辨識（命名）11 到 20					
一對一對應點數 1 到 10					
一對一對應點數 1 到 20					
會對應物件的數量和數字（物件和圖片）					
分辨多和少					
分辨全部、一些和沒有					
把數字按照順序排列					
透過操作完成一位數加一位數					

本表取自：吳佩芳、田凱倩、阮震亞、張家瑞、鄭竹秀（譯）（2019）。應用行為分析在家庭、學校與遊戲中的運用：協助自閉症光譜障礙或其他障礙類別兒童（原作者：Debra Leach）。新北市：心理。

│ 挑戰性行為評估 │

兒童姓名：_____　受訪的照顧者：_____　日期：_____

請列出您的孩子通常會出現的挑戰性行為。	
哪些行為是您希望介入的目標？	
針對照顧者想要介入的每一個目標行為，請完成以下資訊：	
問題	**照顧者回應**
1. 該行為在何時？何地？或者跟誰相處時最常或最少發生？	
2. 該行為發生之前和之後通常發生什麼事？	
3. 您認為您的孩子出現該行為有何功能？	
4. 哪一種適當的替代性行為可以達到同樣功能？	
5. 您的環境可能需要做出哪些改變可以減少挑戰性行為的發生？	
6. 其他人（例如：照顧者、手足和同儕）的行為可能需要做出哪些改變可以減少挑戰性行為的發生？	

本表取自：吳佩芳、田凱倩、阮震亞、張家瑞、鄭竹秀（譯）（2019）。應用行為分析在家庭、學校與遊戲中的運用：協助自閉症光譜障礙或其他障礙類別兒童（原作者：Debra Leach）。新北市：心理。

│ 照顧者優先考量評估 │

兒童姓名：＿＿＿＿＿＿　　受訪的照顧者：＿＿＿＿＿＿　　日期：＿＿＿＿

領域	照顧者的優先考量
溝通能力	1. 2. 3.
社交互動／社交能力	1. 2. 3.
獨立遊戲能力	1. 2. 3.
生活自理能力	1. 2. 3.
認知能力	1. 2. 3.
挑戰性行為	1. 2. 3.

本表取自：吳佩芳、田凱倩、阮震亞、張家瑞、鄭竹秀（譯）（2019）。應用行為分析在家庭、學校與遊戲中的
運用：協助自閉症光譜障礙或其他障礙類別兒童（原作者：Debra Leach）。新北市：心理。

│ 日常作息與活動評估 │

兒童姓名：_____　受訪的照顧者：_____　日期：_____

說明：請列出孩子的日常作息與活動，並從 1～4 的描述選擇一個符合的評分。

1：孩子非常喜歡該作息，且會主動和他人一起參與。

2：在進行該作息時，孩子非常平靜與滿足，但不會主動和他人一起參與。

3：在進行該作息時，孩子出現輕微的挑戰性行為。

4：在進行該作息時，孩子出現嚴重的挑戰性行為。

最後，請圈出您想要介入的目標作息與活動。

家庭		學校		社區	

本表取自：吳佩芳、田凱倩、阮震亞、張家瑞、鄭竹秀（譯）（2019）。應用行為分析在家庭、學校與遊戲中的運用：協助自閉症光譜障礙或其他障礙類別兒童（原作者：Debra Leach）。新北市：心理。

｜日常作息的生態評估｜

（1之2頁）

兒童姓名：＿＿＿＿＿＿＿　作息：＿＿＿＿＿＿＿＿　日期：＿＿＿＿

開放性說明	照顧者回應和／或直接觀察得到的資訊
請描述此作息（請思考您的孩子參與此作息的方式，以及此作息中其他人的行為）。	

探索性問題	照顧者回應和／或直接觀察得到的資訊	接下來可能的步驟
請描述您的孩子在此作息中的溝通方式。		

本表取自：吳佩芳、田凱倩、阮震亞、張家瑞、鄭竹秀（譯）（2019）。應用行為分析在家庭、學校與遊戲中的
運用：協助自閉症光譜障礙或其他障礙類別兒童（原作者：Debra Leach）。新北市：心理。

日常作息的生態評估（2之2頁）

探索性問題	照顧者回應和／或 直接觀察得到的資訊	接下來可能的步驟
請描述您的孩子在此作息中的社交互動狀況。		
請描述您的孩子在此作息中的獨立性如何。		
請描述您的孩子在此作息中的認知能力表現。		
您的孩子在此作息中是否出現任何挑戰性行為？		

本表取自：吳佩芳、田凱倩、阮震亞、張家瑞、鄭竹秀（譯）（2019）。應用行為分析在家庭、學校與遊戲中的運用：協助自閉症光譜障礙或其他障礙類別兒童（原作者：Debra Leach）。新北市：心理。

│ ABA 活動本位教學矩陣 │

兒童姓名：_____　日期：_____

說明：
1. 在表格頂端，列出特定領域的目標；並使用簡述或以數字表示該目標。
2. 在表格左邊列出 ABA 介入所選定的作息。
3. 在各空格中以 X 標示各目標要在哪一個作息中執行介入。除了以 X 標示，若有需要也可以在空格中填入在特定作息中執行介入的照顧者簡稱。可以由多位照顧者分擔執行介入的工作。

	目標：	目標：	目標：	目標：	目標：
作息：					
作息：					
作息：					
作息：					
作息：					

| 特定作息目標 |

兒童姓名：＿＿＿＿＿＿＿　作息：＿＿＿＿＿＿＿＿＿　日期：＿＿＿＿＿

向度	目標
溝通方式	
社交互動狀況	
獨立性	
認知能力表現	
正向行為	

本表取自：吳佩芳、田凱倩、阮震亞、張家瑞、鄭竹秀（譯）（2019）。應用行為分析在家庭、學校與遊戲中的運用：協助自閉症光譜障礙或其他障礙類別兒童（原作者：Debra Leach）。新北市：心理。

| ABA 教學計畫表單 |

兒童姓名：＿＿＿＿＿＿＿＿＿＿＿＿　領域：＿＿＿＿＿＿＿＿＿＿＿＿＿＿

短期目標	目標作息

數據蒐集程序：＿＿＿＿＿＿＿＿＿＿＿＿＿＿＿＿＿＿＿＿＿＿＿＿＿

數據蒐集程序說明：

教學程序：

1.

2.

3.

4.

5.

本表取自：吳佩芳、田凱倩、阮震亞、張家瑞、鄭竹秀（譯）（2019）。應用行為分析在家庭、學校與遊戲中的
運用：協助自閉症光譜障礙或其他障礙類別兒童（原作者：Debra Leach）。新北市：心理。

｜目標作息的介入計畫｜

兒童姓名：＿＿＿＿＿＿＿＿＿＿　　作息：＿＿＿＿＿＿＿＿＿＿＿

向度	目標	行為策略
溝通方式		
社交互動狀況		
獨立性		
認知能力表現		
正向行為		

本表取自：吳佩芳、田凱倩、阮震亞、張家瑞、鄭竹秀（譯）（2019）。應用行為分析在家庭、學校與遊戲中的運用：協助自閉症光譜障礙或其他障礙類別兒童（原作者：Debra Leach）。新北市：心理。

| 正確百分比數據紀錄表 |

兒童姓名：＿＿＿＿＿＿＿＿＿＿＿＿＿＿＿＿＿＿＿＿＿＿＿

目標：＿＿＿＿＿＿＿＿＿＿＿＿＿＿＿＿＿＿＿＿＿＿＿＿＿＿

數據蒐集程序說明：C＝正確回應、I＝不正確回應

嘗試	日期		日期		日期		日期		日期	
10	C／I	100%	C／I	100%	C／I	100%	C／I	100%	C／I	100%
9	C／I	90%	C／I	90%	C／I	90%	C／I	90%	C／I	90%
8	C／I	80%	C／I	80%	C／I	80%	C／I	80%	C／I	80%
7	C／I	70%	C／I	70%	C／I	70%	C／I	70%	C／I	70%
6	C／I	60%	C／I	60%	C／I	60%	C／I	60%	C／I	60%
5	C／I	50%	C／I	50%	C／I	50%	C／I	50%	C／I	50%
4	C／I	40%	C／I	40%	C／I	40%	C／I	40%	C／I	40%
3	C／I	30%	C／I	30%	C／I	30%	C／I	30%	C／I	30%
2	C／I	20%	C／I	20%	C／I	20%	C／I	20%	C／I	20%
1	C／I	10%	C／I	10%	C／I	10%	C／I	10%	C／I	10%

本表取自：吳佩芳、田凱倩、阮震亞、張家瑞、鄭竹秀（譯）（2019）。應用行為分析在家庭、學校與遊戲中的運用：協助自閉症光譜障礙或其他障礙類別兒童（原作者：Debra Leach）。新北市：心理。

| 獨立性程度數據紀錄表 |

兒童姓名：_____

數據蒐集程序說明：1＝最多提示、2＝中度提示、3＝最少提示、4＝獨立完成

目標	日期	日期	日期	日期	日期	日期	日期	日期
	4 3 2 1	4 3 2 1	4 3 2 1	4 3 2 1	4 3 2 1	4 3 2 1	4 3 2 1	4 3 2 1
目標	日期	日期	日期	日期	日期	日期	日期	日期
	4 3 2 1	4 3 2 1	4 3 2 1	4 3 2 1	4 3 2 1	4 3 2 1	4 3 2 1	4 3 2 1
目標	日期	日期	日期	日期	日期	日期	日期	日期
	4 3 2 1	4 3 2 1	4 3 2 1	4 3 2 1	4 3 2 1	4 3 2 1	4 3 2 1	4 3 2 1

本表取自：吳佩芳、田凱倩、阮震亞、張家瑞、鄭竹秀（譯）（2019）。應用行為分析在家庭、學校與遊戲中的運用：協助自閉症光譜障礙或其他障礙類別兒童（原作者：Debra Leach）。新北市：心理。

頻率數據紀錄表

兒童姓名：＿＿＿＿＿＿＿＿＿＿＿＿＿＿＿＿＿＿＿＿＿＿＿＿＿＿

目標：＿＿＿＿＿＿＿＿＿＿＿＿＿＿＿＿＿＿＿＿＿＿＿＿＿＿＿＿

	日期	日期	日期	日期	日期	日期
總計＿＿＿＿＿	10	10	10	10	10	10
＿＿＿＿＿	9	9	9	9	9	9
之＿＿＿＿＿	8	8	8	8	8	8
＿＿＿＿＿	7	7	7	7	7	7
＿＿＿＿＿	6	6	6	6	6	6
每一＿＿＿＿＿	5	5	5	5	5	5
＿＿＿＿＿	4	4	4	4	4	4
	3	3	3	3	3	3
	2	2	2	2	2	2
	1	1	1	1	1	1
	0	0	0	0	0	0

本表取自：吳佩芳、田凱倩、阮震亞、張家瑞、鄭竹秀（譯）（2019）。應用行為分析在家庭、學校與遊戲中的
運用：協助自閉症光譜障礙或其他障礙類別兒童（原作者：Debra Leach）。新北市：心理。

｜是／否數據紀錄表｜

兒童姓名：_____

數據蒐集程序説明：是（Y）＝出現目標行為
　　　　　　　　　　否（N）＝沒有出現目標行為

目標	日期	日期	日期	日期	日期	日期	日期	日期	日期
	Y N	Y N	Y N	Y N	Y N	Y N	Y N	Y N	Y N
	Y N	Y N	Y N	Y N	Y N	Y N	Y N	Y N	Y N
	Y N	Y N	Y N	Y N	Y N	Y N	Y N	Y N	Y N
	Y N	Y N	Y N	Y N	Y N	Y N	Y N	Y N	Y N

國家圖書館出版品預行編目（CIP）資料

應用行為分析在家庭、學校與遊戲中的運用：協助自閉
　症光譜障礙或其他障礙類別兒童／Debra Leach 著；吳
　佩芳等譯. -- 初版. -- 新北市：心理, 2019.09
　　面；　公分. --（障礙教育系列；63157）
　譯自：Bringing ABA to home, school, and play for young
children with autism spectrum disorders and other disabilities
　ISBN 978-986-191-875-4（平裝）

1.特殊兒童教育　2.兒童發展　3.自閉症

529.6　　　　　　　　　　　　　　　　　108012244

障礙教育系列 63157

應用行為分析在家庭、學校與遊戲中的運用：
協助自閉症光譜障礙或其他障礙類別兒童

作　　　者：Debra Leach
譯　　　者：吳佩芳、田凱倩、阮震亞、張家瑞、鄭竹秀
責任編輯：李光苑
執行編輯：陳文玲
總 編 輯：林敬堯
發 行 人：洪有義
出 版 者：心理出版社股份有限公司
地　　　址：231026 新北市新店區光明街 288 號 7 樓
電　　　話：(02) 29150566
傳　　　真：(02) 29152928
郵撥帳號：19293172 心理出版社股份有限公司
網　　　址：https://www.psy.com.tw
電子信箱：psychoco@ms15.hinet.net
排 版 者：菩薩蠻數位文化有限公司
印 刷 者：辰皓國際出版製作有限公司
初版一刷：2019 年 9 月
初版二刷：2021 年 9 月
I S B N：978-986-191-875-4
定　　　價：新台幣 300 元